Si está interesado en recibir información sobre libros empresariales, envíe su tarjeta de visita a:

Gestión 2000
Departamento de promoción
Comte Borrell, 241
08029 Barcelona
Tel. 93 410 67 67
Fax 93 410 96 45
e-mail: info@gestion2000.com

Y la recibirá sin compromiso alguno por su parte.

Eliseo Santandreu
Pol Santandreu

Valoración, venta y adquisición de empresas

- Técnicas y modelos de valoración
- Financiación: LBO y MBO
- Recomendaciones para vender empresas
- Ventas y adquisiciones públicas: OPA y OPV

GESTIÓN 2000

© Ediciones Gestión 2000, SA, Barcelona, 1998.
Primera edición: Octubre 1998
ISBN: 84-8088-274-3
Depósito legal.: B-46.073/1998
Diseño cubierta: Manuel Couto/ASI Disseny Visual
Fotocomposición: gama, s.l.
Impreso por Talleres Gráficos Vigor, S.A. (Barcelona)
Impreso en España - *Printed in Spain*

Índice

Introducción

En la edición del libro Manual Práctico de Valoraciòn de Empresas, publicado en 1990 por Ediciones Gestión 2000 de Barcelona, en la colección Eada Gestión, y cuyo autor fue uno de los coautores del presente libro, ya se hacía referencia a la importancia que en materia de fusiones, adquisiciones, absorciones, habían aflorado por aquellas fechas, fruto principalmente de la incorporación de España, a la Unión Europea, que como se recordará se produjo en 1986.

Aquellos indicios han quedado sobradamente rebasados. Se han ido imponiendo y proliferando procesos de fusiones, y las denominadas megafusiones por su volumen e implicación a todos los niveles. Han adquirido una enorme importancia y actualidad las compras denominadas apalancadas, las adquisiciones de empresas por parte de sus directivos, las ofertas públicas de adquisición (OPAS), y las ofertas públicas de venta (OPVs). Estas últimas como estrategias gubernamentales a fin de realizar liquidez para compensar, en lo posible, el déficit público, y en parte para ceder al sector privado la gestión de las empresas, en principio más preparado para hacerlas más eficientes y rentables.

Por todo lo que antecede, se ha procedido a la edición del presente libro, en el que cabe destacar, la revisión de los modelos de valoración, de los capítulos 1, 2 y 3 que, en realidad, han experimentado muy pocas actualizaciones, ya que de hecho, no han surgido modelos que hayan demostrado ser más útiles que los que aquí se mencionan.

La novedad más sobresaliente, es el tratamiento de los capítulos 4 y 5, dedicados al estudio de las fusiones y adquisiciones, así como a lo referente a los métodos y modelos de financiación en la venta y adquisición de empresas.

Asimismo, los autores desean destacar, y recomendar al lector, el contenido de un reciente libro, titulado Warren Buffett, del autor Robert G. Hagstrom, J.R. publicado por Gestión 2000 en su versión en lengua castellana, como paradigma de cómo se deben valorar las empresas, cómo negociar su compra-venta y cómo hacerlas más rentables después de la adquisición.

1

Consideraciones generales que inducen a la valoración de empresas por razones de orden externo

Muchas son las razones que pueden inducir a una persona a tener que proceder a la valoración de su situación patrimonial.

Una de ellas puede ser el querer actualizar sus valores contables históricos por razones de orden interno de participación de los socios o propietarios, ante la necesidad de proceder a recomposiciones participativas, como situaciones de sucesión, herencias, etc., o por otras razones, sobre la base de negociaciones futuras de índole financiero o de capitalización. En cualquiera de estas situaciones, la valoración no tendrá más trascendencia que el conocimiento por parte de las personas interesadas en la marcha de la empresa, sin que ello suponga ninguna implicación para personas ajenas a la empresa.

Otras razones muy diferentes son las motivadas por otras finalidades como pueden ser la oportunidad o necesidad de comprobar y demostrar el valor de la empresa ante terceras personas para una colaboración, bien sea en forma de venta de la empresa, fusión, absorción, etc.

Las primeras razones expuestas –es decir aquellas que no traspasan el umbral de la empresa– se basarán en estudios y métodos de valoración cuya finalidad es la información a las personas afectadas, y una vez concluidos y aceptados, se procederá a adoptar los acuerdos que precisamente originaron la necesidad de este proceso.

En contrapartida, cuando los motivos obedezcan a las razones aducidas como necesidad externa, con un grado mucho más amplio de rigurosidad en la aplicación de métodos y conceptos, precisamente por su trascendencia, el estudio debe contemplar otros muchos aspectos además de los meros métodos de valoración que sirvieron en el anterior ejemplo de aplicación.

Por todo lo expuesto, el contenido de este trabajo pretende dirigirse al proceso de valoración y negociación basándose en unas necesidades de la empresa, inducidas por motivos más amplios que los internos, ya que se trata de poner en evidencia, por parte del vendedor, la excelencia de su «producto», sin perder de vista que frente a ella existe otra postura totalmente distinta en la mayoría de las ocasiones.

En el cuadro 1.0 se puede observar, esquemáticamente, el proceso que se acaba de presentar, en el mismo orden en que se estructura el presente trabajo.

Obsérvese que, en él, es común todo el proceso que va desde la posible motivación hasta la valoración. Pero a partir de este punto, varían las disposiciones de la utilización del estudio en función de que se trate de una necesidad de orden interno o externo.

1.1 Principales razones que pueden motivar la fusión, adquisición o absorción de empresas

A pesar de que ya se haya hecho alusión de estos aspectos, es conveniente ampliar un poco más la relación de las motivaciones más importantes que generalmente dan lugar a un proceso de estudio y valoración de empresas sobre la base de un interés motivado por los siguientes factores, que por otro lado son los más habituales:

- El logro de una mayor rentabilidad de los recursos empleados a través de un mayor margen logrado a través de un efecto de sinergia (incremento de las dos unidades actuando conjuntamente).
- La diversificación de los fabricados con la inclusión de una mayor gama de productos.
- La diversificación de una marca que potencia el prestigio del comprador.
- La entrada en otros países con mayor rapidez.
- La adquisición de unos factores cualitativos que resultarán de difícil obtención por otros caminos (por ejemplo: *«Know-know»*).
- La adquisición de unos activos, ya en funcionamiento y explotación, que estén infrautilizados y cuya óptima puesta en funcionamiento se pueda lograr con relativa facilidad.
- El simple hecho de eliminar un actual competidor y poseer, por tal motivo, una mayor participación de la cuota de mercado.
- La aplicación de un excedente de fondos monetarios que, destinados a una adecuada inversión, aumenten su rentabilidad obteniendo mayores recursos o *cash-flow*.

Cuadro 1.0

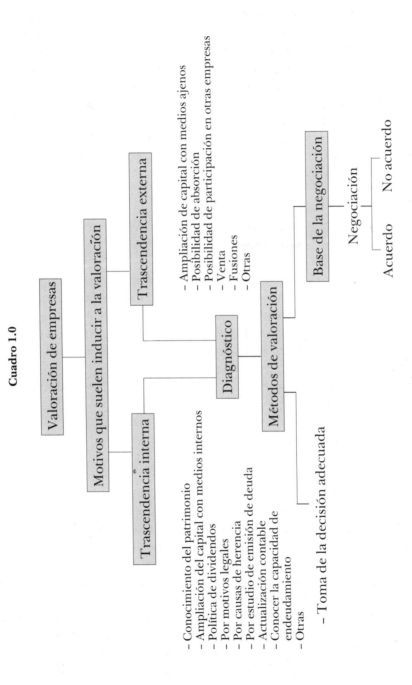

1.2 Principales motivaciones que pueden inducir a la venta de empresas

Al igual que se han destacado algunas de las motivaciones que pueden inducir a la compra de empresas, es también muy importante resaltar aquellas que puedan conducir a la decisión de vender la propia. En función de cada situación o deseo, las circunstancias que condicionarán tanto el proceso y criterio de valoración como el proceso y marco de negociación serán muy distintas.

A título de simple enumeración destacan como más comunes las siguientes situaciones:

- Necesidad de financiar el actual negocio para lograr, a través de optimizar la gestión de las nuevas inversiones, una mayor rentabilidad, principalmente por la desaparición de las actuales cargas financieras.
- Para poder indemnizar –y por tanto, suprimir– unos gastos o cargas actuales, a partir de cuya ausencia la rentabilidad aumentaría de forma considerable.
- El mero hecho de conseguir unos ingresos compensatorios de la inversión inicial, es decir, percibir un dinero de una posible participación, cediendo por ello parte de la misma.
- Una simple situación de cansancio y/o, en ocasiones, falta de sucesión.
- Ausencia o pérdida de una capacidad de dirección o ejecución eficaz que no permite una adecuada expansión.
- Descapitalización de la empresa debido a la acumulación de pérdidas, muy difícil de recuperar con futuros beneficios, e imposibilidad de capitalizar la empresa con nuevos recursos propios.

Según cada punto, queda pues de manifiesto que toda situación deberá ser objeto de un trato especial, ya que en cada una de ellas se producirá un elemento de presión, más o menos importante, que actuará como elemento, también más o menos forzoso, de venta o búsqueda de participación, que a su vez producirá un fenómeno, más o menos vulnerable, sobre las condiciones que el vendedor desearía imponer.

Otra razón puede ser aquella que decanta a la empresa vendedora a contemplar los deseos del comprador con el fin de obtener unos objetivos comunes que, obviamente, se pueden lograr con mayor rapidez y eficacia actuando conjuntamente mejor que separadamente.

Quizás se plantee esta situación como mal menor, si bien, desde este punto de vista, volvemos a constatar que su situación y el planteamiento es sustancialmente mejor que en las situaciones expuestas anteriormente.

1.3 Motivaciones coincidentes

Después de revisar en los apartados anteriores las motivaciones más frecuentes del vendedor y del comprador en cada caso, nos referiremos a continuación a aquellas que nacen de un deseo mutuo por intereses comunes, y en las que lo lógico es establecer unas relaciones (generalmente cordiales) que posibiliten que ambas partes procedan en forma conjunta desde la investigación de la empresa, valoración, estudio de futuro, etc., hasta la fase definitiva de valoración.

Hemos de advertir que de estas situaciones excluiremos aquellas motivaciones de orden totalmente especulativo o que obedezcan a unos intereses ajenos por completo a lo que debe ser la esencia de este trabajo, ya que incluso llevándolo a un cierto extremo, en esas condiciones, por lo general tampoco se contemplan las técnicas y procesamientos que se han de emplear en circunstancias más rigurosas y reales a lo que propiamente es la venta, fusión, etc., de una empresa.

A partir, pues, de estos principios es muy conveniente establecer un equipo negociador en representación de la parte vendedora y de la parte compradora, que son los encargados de preparar toda la información, la valoración y, en su caso, proceder a la negociación o dejarla preparada para aquellas personas que deban acometerla en última instancia.

1.4 El equipo de negociación *(task-force)*

Su composición estará en función de los deseos de las partes componentes. No obstante, es conveniente indicar que el número de personas integradas en cada equipo dará origen a una mayor o menor dispersión de la información.

Por la parte vendedora, la composición del equipo de negociación suele ser más reducido que por la parte compradora. El motivo principal obedece a que esta parte es la fuente de información, y generalmente pocas personas poseen la total información de una empresa.

Por la parte compradora, la composición puede ser mayor, sin que se pueda aconsejar lo contrario. En su caso será conveniente, por parte de la vendedora, el establecimiento de ciertos vetos con la finalidad de evitar dispersión de información, ya que en el caso de filtraciones durante la negociación, o, en el peor caso, si no se llega a ningún acuerdo, esta situación podría comprometer al vendedor.

Las personas que componen los equipos de negociación deben sentirse perfectamente identificadas con los intereses que representan en cada parte. Suelen participar en estos equipos los ejecutivos de más alto nivel de la empresa, asistidos en ocasiones por asesores y especialistas en cada materia que se va a tratar.

El hecho de tratarse de un equipo tiene como principal finalidad poder acceder a todos los aspectos de la empresa en cuestión, como pueden ser: finanzas, aspectos comerciales, de producción, de investigación, jurídicos y fiscales, etc.

Otro aspecto que se había de considerar es aquel que contempla la necesidad, por parte del equipo vendedor, de la presencia de personas ajenas a la habitual dirección de la empresa, con el fin de plantear puntos de vista «más fríos» que, en ocasiones, no se presentan cuando son personas muy vinculadas con la marcha normal de la empresa, que pueden presentar situaciones muy subjetivas e incluso relacionadas con otros sentimientos ajenos a la función que están desempeñando.

1.5 Aspectos generales que se han de considerar para la evaluación de una empresa

La primera consideración que se debe tener en cuenta es que se va a proceder a evaluar una serie de cosas y bienes, y que, para ello, es preciso reconducirlo a un valor homogéneo (unidades monetarias) que reflejará el patrimonio de la empresa, sin perder de vista otros valores o circunstancias, como pueden ser su liderazgo en el sector, su capacidad, productividad, tecnología, etc., que le haga merecedora de dicho valor.

Otro aspecto de suma importancia que se debe resaltar es que una evaluación no es nunca, en sí misma, un resultado final, sino que representa los valores que se consiguen como punto de partida para llegar a un conocimiento más profundo y globalizado que conduzca, ahora ya sí, a una concreción, sea cual fuere su signo.

Así pues, el hallar un valor supone una posibilidad, siendo por contra el precio que esté dispuesto a pagar la parte compradora lo que verdaderamente constituye un fin. A tal efecto añadiremos que no han sido pocos los casos basados única y exclusivamente en precios de oferta y demanda, excluyendo los valores obtenidos en las aplicaciones técnicas que se hubiera establecido a priori.

Otra consideración que tiene especial relevancia es la diferenciación entre el valor constituido por los bienes e inversiones tangibles en el momento de la valoración de aquéllos y los valores basados en las futuras posibilidades de generar beneficios, o pérdidas, lo cual deberá afectar de forma sustancial a los primeros.

Como principio básico podemos resumir este capítulo en:

El valor de una empresa consiste en la determinación, de origen técnico, basado en una metodología concreta.
El precio de una empresa es aquel valor que está dispuesto a pagar alguien por ella.

1.5.1 *CONSIDERACIONES SOBRE LA SITUACIÓN DE LA EMPRESA QUE SE HA DE EVALUAR*

Antes de entrar en cualquier tipo o criterio de valoración, se debe efectuar un examen previo de toma de contacto sobre la empresa objeto de estudio.

Un aspecto que deberá ser atendido en primera instancia hace referencia al momento y circunstancias en que se pueda hallar la empresa. Las situaciones generales más frecuentes son las siguientes:

– Empresa en fase de liquidación.

– Empresa en normal funcionamiento.

– Empresa con resultados negativos.

– Empresa de reciente implantación.

A continuación se detallan las características más importantes de cada situación.

1.5.1.1 *Empresa en fase de liquidación*

Cuando una empresa ha decidido entrar en proceso de liquidación por voluntad del propietario, o bien por imperativo de mercado obsolescencia del producto, sucesión, etc., los parámetros que se han de evaluar se prejuzgarán más sobre la base de la obtención del valor sustancial que en términos de futuro, es decir, se sustentará en los valores asignados a los elementos en función del valor que la venta de ellos pudiera aportar. No obstante, en el caso de que el período de liquidación no fuera de forma inmediata, también se deberán contemplar las posibilidades de obtención de fondos o recursos futuros.

1.5.1.2 *Empresa en normal funcionamiento*

Naturalmente, ésta deberá ser la situación más corriente. En estas circunstancias los valores de los bienes actuales (valores de balance) deberán ser conjugados en función de las posibilidades de futuro que la propia explotación reporte en un cierto horizonte, ya que precisamente la aportación de estos valores de futuro vienen determinados por la propia dinámica de la empresa.

La dinámica de la empresa a la que se hace referencia en el párrafo anterior viene determinada por la existencia de unas estructuras organizativas, de producción, comerciales, etc., que permite a la empresa prever un futuro, basado siempre en datos económicos, a un horizonte más o menos largo, que será el parámetro de referencia para la obtención y cálculo del valor de empresa.

Es muy conveniente también analizar la situación de la empresa partiendo de unos estados financieros que, generalmente, se suelen dividir en:

a) Clara situación de expansión o crecimiento.

b) Situación de estabilidad o madurez.

c) Fase de recesión.

Obviamente, el conjunto del estudio de estas fases, junto con la proyección de futuro, deberá conjugar un criterio más objetivo de los datos que se han de considerar.

1.5.1.3 *Empresa con resultados negativos*

Salta a la vista que la historia de la empresa tiene también un cierto peso específico en cuanto a las bases de cálculo. Como cuando una empresa presenta una situación de pérdidas.

Esta situación siempre se deberá contemplar también sobre la base de:

1.º *Resultados negativos en el tiempo.* Comprobar si proceden de los últimos ejercicios. Si su evolución es creciente o decreciente. Si se observan más en épocas pasadas o recientes, etc.

2.º *Alternancia de los resultados negativos.* Contemplar si los resultados se han ido produciendo de forma intermitente o continuada.

3.º *Necesidad de analizar las causas de las mismas.* Concretaremos este punto resaltando la necesidad de comprobar si las pérdidas en cuestión se han debido a situaciones estructurales o coyunturales, y si han sido por razones internas o externas de la empresa.

Si se puede llegar a la cuantificación de los costes que producirían las medidas que se deben adoptar para dotar de rentabilidad a la empresa, este valor sería naturalmente constitutivo del coste que se ha de pagar por el comprador o, dicho de otra forma, a la renuncia por parte del vendedor de dicho valor.

En caso de que las dificultades fueran de índole mucho más enraizada, el valor de futuro de esta empresa tendría signo negativo y por ello el valor de la empresa se vería seriamente afectado.

1.5.1.4 *Empresa de reciente implantación*

Este caso, que se presenta con cierta frecuencia, plantea una serie de inconvenientes en cuanto a constituir unos valores basados en proyecciones futuras. Este tipo de empresas carecerán, por su condición de recientes, de datos históricos que permitan estudiar su evolución pasada, y se verá dificultada en la cuantificación de datos por la carencia de políticas sólidas.

En estas circunstancias, es del todo imprescindible analizar las motivaciones que conducen al vendedor a ofrecer su empresa, ya éstas indicarán, en muchos casos, la viabilidad o no de la empresa en cuestión. En cualquier caso, y a pesar de la dificultad ya anotada, la valoración de la empresa se deberá sustentar en las posibilidades de obtención de *cash-flow* futuros, para lo que primero deberá procederse al estudio de la situación y evolución del mercado, participación en él, capacidad de producción, análisis del producto, competencia, etc.

1.5.2 *PRINCIPIOS QUE SE HAN DE CONSIDERAR EN TODA EVALUACIÓN*

Todo proceso de evaluación de empresas debe basarse en unas normas o principios que se han generalizado, y que constituyen la base de los métodos de valoración cuyo fundamento es de orden económico. Algunos de estos principios se enumeran a continuación.

– En cuanto al tiempo en que se realiza, debe ajustarse el principio de referirse siempre al momento en que se trate.
– La valoración de una empresa debe efectuarse siempre bajo unos criterios de absoluta objetividad.
– Se debe evitar la temeridad en cuanto al criterio de valoración, es decir, siempre es preferible adquirir un criterio de prudencia ajustado al necesario grado de objetividad al que se hace referencia en el párrafo anterior.
– El criterio de valoración adoptado debe tener una permanencia constante de aplicación durante todo el proceso.
– Otro aspecto que se ha de considerar, y que ya se ha mencionado, es el referente a la atención que se debe aplicar tanto a los valores sustanciales como a la posibilidad de que la empresa obtenga beneficios futuros que determinan un valor inmaterial. Ambos aspectos, debidamente cuantificados en unidades homogéneas, conformarán el valor global.

Naturalmente, este apartado tendrá sólo aplicación cuando se trate de evaluar empresas en funcionamiento y se pretenda su continuidad. No tendrá ningún sentido en la evaluación de una empresa que se va a extinguir, en cuyo caso sólo se tendrá en consideración su situación patrimonial según balance.

2

Metodología para el análisis de la empresa

Necesidad de proceder a un diagnóstico previo

Por lo indicado anteriormente, es preciso que antes de iniciar una negociación abierta en su fase de decisión, y aun antes de aplicar los métodos para la valoración de la empresa, se proceda a realizar un análisis-diagnóstico de la misma, al cual se llegará a través de una exhaustiva investigación de todos los aspectos que afectan a la misma, sean de índole financiero, humano, productivo, etc.

Este proceso de investigación deberá contribuir, fundamentalmente, a establecer la identificación real de los siguientes aspectos:

- Evidenciar los puntos fuertes y débiles que se deben considerar en cada aspecto de las magnitudes tratadas.

- Debe permitir cuantificar una situación económico-financiera a través de los actuales resultados.

- Permitirá poner en evidencia, si los hubiera, aspectos que podrían haber originado serios inconvenientes para el comprador, caso de ignorarlos.

Téngase en cuenta que, en ocasiones, el vendedor aportará unos datos e información que, aunque basados en sanas intenciones, podrán adolecer de deformaciones debido a la fuerte carga de subjetividad y, en ocasiones, sentimentalismos que empañan la situación real.

A continuación se establece una metodología para aplicar a los datos básicos obtenidos y poder conseguir la información adecuada una vez tratados los mismos.

2.1 Análisis financiero basado en seis puntos fundamentales

Para conocer la política histórica de la empresa en todo lo que hace referencia a la situación financiera, de capitales, etc., se contemplan a continuación seis puntos fundamentales que se detallan:
- Estudio de la rentabilidad de los recursos propios.
- Evolución del beneficio/acción, política de autofinanciación.
- Rentabilidad de las nuevas inversiones incorporadas.
- Proporción entre capital social/reservas.
- Coste de los recursos permanentes utilizados.
- Política de endeudamiento.

Como se puede observar, todo y cada uno de los puntos están íntimamente relacionados entre sí, y los estudiamos individualmente.

2.1.1 *Rentabilidad de los recursos propios*

Al analizar la empresa, y sobre todo para tomar decisión sobre la expansión deseada, la primera condición que se debe tener muy en cuenta es la de mantener –y, a ser posible, ampliar– la rentabilidad de los recursos propios.

El ratio que mide esta rentabilidad es:

$$r = \frac{BDI}{RP}$$

Siendo:
r   = Rentabilidad.
BDI = Beneficio después de impuestos.
RP   = Recursos propios (capital + reservas).

Es necesario estudiar la evolución de este ratio en el tiempo para conocer, además de la rentabilidad en sí, el resultado de la aplicación de las sucesivas inversiones realizadas por la empresa en relación con el resultado evolucionado.

2.1.2 *EVOLUCIÓN DEL BENEFICIO/CAPITAL SOCIAL*

En una empresa donde no se distribuyan todos los beneficios obtenidos durante un ejercicio y que mantenga el mismo número de acciones, el beneficio por acción irá aumentando.

Es decir, la cantidad que la empresa destine a la autofinanciación también se transforma en rentabilidad sobre la inversión del accionista, representado en un mayor valor que la acción posee.

El ratio que demostrará la política adoptada por la empresa en cuanto a autofinanciación, y que además medirá el crecimiento del valor de la acción, es:

$$\text{Evolución del beneficio} / \text{capital social} = \frac{\text{Recursos propios}}{\text{Capital social}}$$

Para mejor comprensión de su significado pongamos un ejemplo:

Composición de los recursos propios de una empresa.

Capital social 300
Reservas acumuladas 700
Total recursos propios ...1.000

aplicando el ratio indicado:

$$\frac{\text{Recursos propios}}{\text{Capital social}} = \frac{1.000}{300} = 3,33$$

que, transformados en valores relativos, indican que la política aplicada por la empresa en el período estudiado ha sido la de triplicar sus recursos en relación con el capital social. Por otra parte, este valor corresponde al accionista, el cual verá que la «retención de beneficios» que se le ha ido aplicando en el tiempo ha triplicado su inversión.

2.1.3 *RENTABILIDAD DE LAS NUEVAS INVERSIONES INCORPORADAS*

La empresa, dentro de su dinámica habitual, está constantemente invirtiendo con el fin de acrecentar la rentabilidad sobre los recursos propios, amén de lograr una mayor presencia en el mercado, innovar, etc.

Cuando los rendimientos marginales que se van produciendo al cabo del tiempo, fruto de estas inversiones, son crecientes es porque las inversiones efectuadas aportan un mayor rendimiento sobre los recursos. Evidentemente, en el caso contrario, es porque producen un efecto negativo.

Si consideramos que la inversión financiera, es decir, la aportación de los recursos permanentes de la empresa, financian:

$$\begin{array}{c} \text{Inmovilizado neto} \\ \underline{+ \text{ Fondo de maniobra}} \\ = \text{Inversión financiera} \end{array}$$

resulta evidente que, para comprobar la bondad del resultado de la inversión, se debe proceder a verificar si la relación entre la inversión y el valor adicional del rendimiento de los recursos arroja una rentabilidad marginal en comparación con la situación anterior.

Con ello se podrá comprobar si dicha inversión ha colaborado de forma importante a la ampliación de la rentabilidad de los recursos o si ha producido un apalancamiento positivo de los recursos propios.

El ratio que mide este efecto es:

$$\text{Rentabilidad adicional generada por la nueva inversión} = \frac{\text{Benef. neto adicional}}{\text{Inversión adicional}} \times 100$$

Obviamente, el caso desfavorable, también produce un efecto de apalancamiento, pero en sentido negativo.

Apliquemos un supuesto:

Supongamos una empresa cuyos datos correspondientes al año n-1 son los siguientes:

    ACTIVO TOTAL : 13.000 u.m. (unidades monetarias)
    BAII   :   2.600 u.m.

Si queremos medir la rentabilidad de las nuevas inversiones producidas en el año n, cuyos datos son:

$$\text{Activo total} \; : \quad 14.700 \; \text{u.m.}$$
$$\text{BAII} \qquad : \quad 3.200 \; \text{u.m.}$$

$$\frac{\text{ROI}}{(Return \; on \; investment)} = \frac{\text{BAII}}{\text{Activo total}} \times 100$$

Para cuantificar el resultado marginal, emplearemos el ratio: aplicando los valores correspondientes a cada año:

Año n - 1:

$$\text{ROI} = \frac{BAII}{\text{Activo total}} \times 100 = 20\% \qquad \frac{2600}{13000} \times 100 = 20\%$$

Y para el año n:

$$\text{ROI} = \frac{BAII}{\text{Activo total}} \times 100 = 21,8\% \qquad \frac{3200}{14700} \times 100 = 21,8\%$$

donde se observa una mejora importante, fruto de la incorporación de nuevos beneficios a nivel de BAII en relación con la inversión efectuada (activo total).

Para calcular el rendimiento marginal, aplicaremos:

Valor de	Año n		Año n-1		Diferencia
Activo total	14.700	–	13.000	=	1.700
BAII	3.200	–	2.600	=	600

$$\frac{\text{Rdto. Marginal de la Inversión}}{} = \frac{\text{BAII Marginal}}{\text{Activo Marginal}} = \frac{600}{1.700} \times 100 = 35,29\%$$

lo cual demuestra no sólo que la inclusión de mayor inversión ha sido rentable de por sí, sino que además apalanca el rendimiento que la empresa había venido obteniendo de anteriores inversiones.

2.1.4 *PROPORCIÓN ENTRE CAPITAL Y RESERVAS*

El objetivo final de toda empresa es obtener la mayor rentabilidad de sus recursos propios. Pero también es cierto que el tenedor de las acciones o inversionista se debe sentir bien retribuido por su inversión, pues en caso contrario sentirá la tentación de desviar su inversión.

Por ello es muy importante conocer la relación entre la rentabilidad o retribución por acción que compone el capital social en su valor global.

Debemos considerar dos situaciones muy distintas que se pueden conjugar en la empresa.

1.º Empresas con alto rendimiento sobre recursos propios, pero que al existir una proporción mayor de capital, la rentabilidad por acción es poco motivadora para la inversión.

2.º Empresas que con un mayor grado de rentabilidad sobre los recursos propios que las del tipo anterior tienen una proporción menor de capital social con respecto a las reservas, y el grado de remuneración al accionista resulta muy interesante.

Veamos un ejemplo:

Caso empresa «A»

Composición de los recursos propios:

Capital social . . . . .40.000.000 u.m.
(40.000 acciones de 1.000 u.m.)
Reservas acumuladas . . . . .40.000.000 u.m.
Total recursos propios 80.000.000 u.m.

Supuestos unos beneficios de: 12.000.000 u.m.

El cálculo de rentabilidad sobre recursos propios sería de:

$$\text{Rentabilidad sobre recursos propios} = \frac{12.000.000 \ u.m.}{80.000.000 \ u.m.} \times 100 = 15\%$$

es decir sobre el conjunto de los recursos, la empresa ha obtenido una rentabilidad del 15 %.

En cambio, el efecto sobre la acción se calcularía a través del ratio:

$$\text{Rentabilidad por acción} = \frac{12.000.000}{40.000 \text{ acciones}} = 300$$

Comparemos estos resultados con:

Caso empresa «B»

Composición de los recursos propios:

Capital social . . . . .20.000.000 u.m.
(20.000 acciones de 1.000 u.m.)
Reservas acumuladas   70.000.000 u.m.
Total recursos propios   90.000.000 u.m.

Supongamos también que los beneficios alcancen 12.000.000 de u.m.

Rentabilidad sobre recursos propios:

$$\frac{12.000.000 \text{ u.m. beneficio}}{90.000.000 \text{ u.m. recursos propios}} = 13,33\%$$

Rentabilidad por acción:

$$\frac{12.000.000}{20.000} = 600$$

Con lo que fácilmente se pueden comprobar que, a pesar de tener una rentabilidad menor sobre los recursos propios, la rentabilidad sobre acción supone el doble que en el caso de la empresa «A».

Es, pues, muy importante el estudio de este efecto para la valoración de la acción, así como la repercusión del número de acciones sobre la empresa, ya que llevando este efecto al extremo, se puede caer en la necesidad de tener que ofrecer garantías adicionales en el momento de endeudamiento, por carecer de solvencia en cuanto a la estructura del capital social.

2.1.5 *COSTE DE LOS RECURSOS PERMANENTES UTILIZADOS*

Uno de los puntos de estudio fundamentales corresponde a la necesidad de calcular y conocer el coste de los recursos permanentes que utiliza la empresa.

Como es sabido, el factor coste del capital es de suma importancia, pues conlleva:

1.º No realizar ninguna inversión cuya tasa de rentabilidad sea inferior al coste del capital, luego cuanto más alto sea éste, más dificultad reportará el logro de una mayor rentabilidad de la inversión.

2.º En ciertas condiciones resulta difícil rentabilizar la empresa, ya que un alto endeudamiento es muy costoso, y un coste castigado por este efecto evita un deseado índice de aplicación a reservas y obliga a la empresa a recurrir de nuevo a endeudamiento, por lo que la situación empeora constantemente.

3.º El coste de los capitales ajenos sustrae dividendos al accionista, quien, ante esta situación, retrae las inversiones necesarias, encontrándonos también así, en la espiral peligrosa.

Por ello se ha dicho, con toda razón, que el coste de los capitales es un factor fundamental para conocer el valor de la empresa. Cuanto más alto sea aquél, inferior será el valor de ésta.

Un ratio que nos puede indicar el coste de los recursos permanentes sería:

$$\frac{\text{Coste de los recursos}}{\text{permanentes}} = \frac{\text{BAII}}{\text{Recursos permanentes}}$$

(Sin considerar el efecto fiscal del impuesto sobre sociedades)

Veamos un ejemplo de aplicación:
Composición de los recursos permanentes:

Recursos propios	500
Recursos ajenos	500
(Exigible a largo plazo)	
Total de recursos permanentes	1.000

en el período que se estudia, la cuenta de explotación está integrada a nivel de BAII, de la siguiente forma:

BAII...	225
(B.º antes de intereses e impuestos)	
– Cargas financieras	80
(Las correspondientes al exigible a largo plazo)	
BAI	145
(Beneficio antes de impuestos)	
– 35 % impuesto s/beneficios..............	51
Beneficio neto	94

Cálculo del coste de los recursos ajenos:

Como las cargas financieras tienen la consideración de gasto deducible en el impuesto de sociedades, veamos cómo quedarían estos costes deduciendo la incidencia fiscal:

$$\text{Cargas financieras} \times (1 - i) = \text{cargas financieras netas}$$

$$\downarrow$$

$$\text{(tipo impositivo)}$$

que, aplicando valores al ejemplo:

$$80 \text{ um. cargas financieras} \times (1 - 0,35) = 52 \text{ u.m. netas}$$

$$\downarrow$$

$$\text{(considerando un 35 \% de impuestos s/BAI)}$$

luego, el coste neto de los recursos ajenos será:

$$100 \times \frac{52 \text{ u.m. coste}}{500 \text{ u.m. deuda}} = 10,4\%$$

El coste de los recursos propios vendrá dado por la relación:

$$\frac{\text{Beneficio neto}}{\text{Recursos propios}} \times 100$$

que en el enunciado será:

$$\frac{94 \text{ u.m. beneficio neto}}{500 \text{ u.m. recursos propios}} \times 100 = 18,8 \text{ \%}$$

dado que la composición de recursos propios y ajenos es la misma, el coste medio vendrá dado por la media de ambos:

$$\frac{10,4 \text{ \%} + 18,8 \text{ \%}}{2} = 14,6 \text{ \%}$$

que también se podría expresar de la siguiente forma:

$$\frac{\text{BAII (Beneficio antes de intereses e impuestos)}}{\text{Recursos permanentes}}$$

y aplicando de nuevo sobre el ejemplo:

$$\frac{225 \text{ u.m. (BAII)}}{1.000 \text{ u.m. (recursos permanentes)}} \times 100 = 22,5 \text{ \%}$$

siendo éste el coste de los recursos antes de aplicar el impuesto. Aplicando el mismo sería:

$$22,5 \text{ \%} \times (1 - 0,35 \text{ \%}) = 14,6 \text{ \%}$$

que, como se observará, es el mismo coste después del impuesto calculado más arriba.

2.1.6 *POLÍTICA DE ENDEUDAMIENTO*

En principio toda empresa recurre al endeudamiento para el desarrollo de sus actividades. No obstante, esta política deberá someterse siempre a dos condiciones a fin de mantener su equilibrio financiero: su solvencia y rentabilidad. Estas premisas son:

– Que la relación deuda/recursos no ponga en peligro la autonomía de la empresa.
– Que el coste de la deuda sea asumible y, dentro de lo posible, inferior a la rentabilidad que de ella se vaya a obtener, pues así ésta aumenta y se produce un efecto *leverage* sobre los recursos propios, o sea, sobre la rentabilidad del accionista.

Partiendo de la relación:

Inversión Financiera = Recursos permanentes

(Recursos propios + recursos ajenos largo plazo)

Se deberá estudiar aplicando valores de las respectivas cuentas de explotación y balances de cada período, los resultados obtenidos con destino a los recursos propios mediante el uso de los recursos permanentes, marcándonos su relación, el resultado obtenido de la inclusión de la deuda y su coste.

El cálculo de las tasas de rendimiento sobre recursos propios nos vendrá dado a través del ratio:

$$\frac{\text{BAI (Beneficio antes de intereses e impuestos)}}{\text{Recursos propios (Capital + Reservas)}} \times 100$$

a su vez, la tasa de los recursos permanentes la obtendremos aplicando:

$$\frac{\text{BAII (Beneficio antes de intereses e impuestos)}}{\text{Recursos permanentes}} \times 100$$

(recursos propios + deuda a largo plazo)

Estos dos ratios tienen entre sí una relación muy importante, que se interpretará de la siguiente forma:

$$\text{Rentabilidad sobre recursos propios} = \frac{\text{BAI}}{(\text{Recursos propios})} = A$$

$$\begin{array}{c}\text{Rentabilidad sobre} \\ \text{recursos permanentes}\end{array} = \frac{\text{BAII}}{\text{Recursos permanentes}} = A_1$$

$$\left.\begin{array}{c}\text{Relación entre la rentabilidad de recursos} \\ \text{propios y la de recursos permanentes}\end{array}\right\} = \frac{A}{A_1}$$

Su interpretación se debe realizar basándose en las siguientes reglas:

Cuando $\dfrac{A}{A_1} > 1$ La inclusión del endeudamiento amplifica el rendimiento sobre los recursos propios.

Cuando $\dfrac{A}{A_1} = 1$ El hecho de endeudamiento no produce amplificación alguna, es decir, desde el punto de vista de rendimiento es indiferente.

Cuando $\dfrac{A}{A_1} < 1$ En esta situación, la deuda ha ocasionado un efecto negativo sobre el rendimiento de los recursos propios, ya que el coste de los recursos ajenos es superior a la rentabilidad obtenida de la inversión de los mismos.

Para su mejor comprensión procedamos a aplicar un ejemplo:

Supóngase una empresa cuya cuenta de explotación a nivel de BAII y pasivo, esté compuesto por los siguientes valores:

Momento 1 (sin endeudamiento)

BAII.. 20.000
– Cargas financieras .... –
        BAI 20.000

Pasivo

Recursos propios 100.000
Recursos ajenos a largo plazo................ –
        Recursos permanentes 100.000

Aplicando ahora la fórmula que hemos visto antes, observaríamos que su valor sería = 1.

Supongamos ahora que a los datos del momento 1 se incluyera una deuda de 30.000 u.m. a un coste anual del 12 %:

Momento 2 (con endeudamiento)

BAII 20.000
– Cargas financieras .... 3.600   (12% s/30.000 um.)
       BAI 16.400

Composición de los recursos

Recursos propios 100.000
Recursos ajenos a largo plazo.............................. 30.000
       Recursos permanentes 130.000

En esta nueva situación, aplicando la fórmula aludida:
Tasa de rentabilidad de los recursos propios:

$$\frac{BAI}{Recursos\ propios} = \frac{16.400}{100.000} \times 100 = 16,4\%$$

Tasa de rentabilidad de los recursos permanentes:

$$\frac{\text{BAII}}{\text{Recursos permanentes}} = \frac{20.000}{130.000} \times 100 = 15,38\%$$

con lo cual la aplicación ya directa del *leverage* sería:

$$\frac{\text{Rentabilidad recursos propios}}{\text{Rentabilidad recursos permanentes}} = \frac{16,4}{15,38} \times 100 = 1,07$$

lo que indica que con la inclusión de la deuda se amplifica el rendimiento de los recursos propios.

No obstante, el uso de esta práctica debe hacerse con gran cautela ya que las cargas financieras son interesantes en la empresa siempre y cuando la rentabilidad o beneficios sean satisfactorios, y mientras la relación deuda capitales propios sea asumible. Téngase presente que en los casos contrarios, es decir, cuando la relación es muy alta, o los beneficios no muy satisfactorios, el mismo efecto «palanca» se produce, pero amplificado en signo negativo.

Este efecto palanca o *leverage* se verá también en el apartado 5.1.1.1 sobre la aplicación de financiación en la adquisición de empresas.

2.2 Diagnóstico basado en datos históricos

Después de haber considerado los seis puntos anteriores, es preciso también entrar en el estudio y aplicación de un análisis-diagnóstico, mediante el estudio de las políticas aplicadas históricamente por la empresa según los siguientes parámetros:

- *Cash-flow.*
- Autofinanciación.
- Política de dividendos y reservas.

Estudiaremos primero los conceptos más importantes que se deben aplicar para estructurar la comprensión del estudio y su significado.

La aplicación del *cash-flow* la haremos sobre la base del concepto de *cash-flow* operativo, es decir:

CASH-FLOW = BENEFICIO NETO + AMORTIZACIONES

No obstante, es conveniente pasar a otro estadio anterior a éste, representado en el siguiente esquema:

Recursos generados
o
CASH-FLOW bruto
$\left\{\begin{array}{l}\end{array}\right.$

– Beneficio neto que se ha de distribuir.

Reservas   Dividendos

– Reservas Dividendos
– Amortizaciones del período.
– Cargas financieras propias de la deuda a largo plazo.
– Provisiones

El conocimiento de la capacidad de recursos generados será de vital importancia para el diagnóstico correspondiente.

La distribución de cada concepto dará origen a una situación distinta de disponibilidad para la empresa. Así, por ejemplo, una vez aplicadas las cargas financieras, y las provisiones (generalmente se refieren a los impuestos), el resultado sería el *cash-flow* neto y, detrayendo de éste los dividendos, su resultado sería la autofinanciación neta.

Esquemáticamente la representaríamos así:

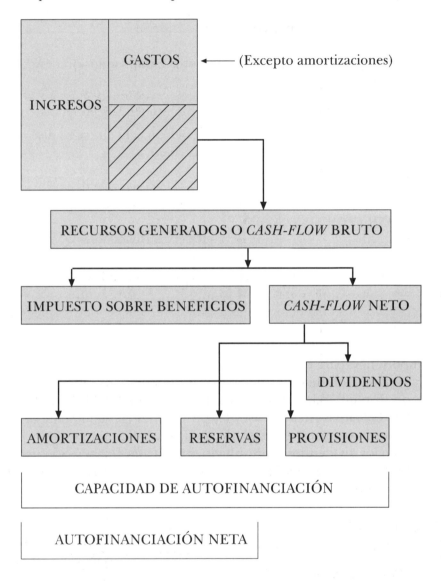

Para un exhaustivo estudio económico-financiero, podríamos referir una inacabada lista de ratios y estudios, pero, de hecho, se trata de aplicar unas líneas básicas que determinen de forma inmediata y concreta la relación entre sí y los resultados que arroja la utilización de los parámetros que se emplearán para poner de manifiesto el estado de salud de la empresa.

Los parámetros propuestos son de orden económico y financiero:

Parámetros para considerar

De orden económico	De orden financiero
– El BAII (beneficio antes de intereses e impuestos). – El BDI (beneficio después de impuestos) – Autofinanciación (beneficios retenidos por la empresa) – Ventas (cantidad de lo vendido).	– Recursos propios (los formados por capital social más reservas). y – El activo (*inversión* realizada por la empresa).

Definidos los parámetros elegidos, se procederá a la confección de una combinación de ellos, de forma que su lectura e interpretación nos facilite el conocimiento de la evolución que ha experimentado la empresa, en el período que se considere:

POR EJEMPLO:
a) Sobre el parámetro «Ventas», considerado el mismo como básico, se relacionarán los parámetros BAII, BDI y AUTOFINANCIACIÓN.
b) Lo mismo se hará en base a los Recursos propios.
c) Idénticamente se actuará sobre el Activo como inversión total: En la siguiente matriz se pone de manifiesto, para mayor comprensión, el análisis propuesto:

NUMERADOR ⟍ DENOMINADOR	B.D.I	B.AII	AUTOFINANCIACIÓN (AUTOF.)
VENTAS	$\dfrac{BDI}{VENTAS}$	$\dfrac{BAII}{VENTAS}$	$\dfrac{AUTOF.}{VENTAS}$
RECURSOS PROPIOS (R.P.)	$\dfrac{BDI}{R.P.}$	$\dfrac{BAII}{R.P.}$	$\dfrac{AUTOF.}{R.P.}$
ACTIVO TOTAL (A.T.)	$\dfrac{BDI}{A.T.}$	$\dfrac{BAII}{A.T.}$	$\dfrac{AUTOF.}{A.T.}$

Cada ratio arrojará un valor indicativo de la medida del resultado de las dos magnitudes relacionadas.

Para mayor comprensión proponemos el siguiente ejemplo:

La empresa «A» presenta el siguiente balance en 31/12 (n-2)

Balance en 31/12 (n-2)	(Después de la distribución)	
Fijo 1.400	Recursos propios	1.200
Circulante 1.100	(Capit. social:	600)
	Reservas:	600)
	Exigible total	1.300
Total Activo 2.500	Total Pasivo	2.500

Cuentas de explotación

	Año n-2		Año n-1		Año n	
VENTA NETA	7.500	-100 %	8.400	-100 %	9.000	-100 %
– Costes directos	4.900	65,3 %	5.700	67,8 %	6.200	68,9 %
– Costes estructura	1.988	26,5 %	2.110	25,2 %	2.210	24,5 %
– Amortizaciones (1)	200	2,67 %	210	2,5 %	230	2,6 %
BAII	412	5,5 %	380	4,52 %	360	4 %
– Cargas financieras	112	1,5 %	160	1,9 %	198	2,2 %
BAI	300	4 %	220	2,62 %	162	1,8 %
– Impuesto sociedades	100	–	77	–	57	–
BDI (2)	195	2,6 %	143	1,7 %	105	1,17 %

Dividendos*	(3)	60	60	60
CASH-FLOW	(1 + 2)	395	353	335
Autofinanciación	(1 + 2 – 3)	335	293	275
Reservas	(2 – 3)	135	83	45

*NOTA: La política de dividendos ha sido la misma durante el período, es decir: del 10 % sobre el capital social (60 / 600 × 100), y también se puede observar que no ha habido ampliación de capital social.

Evolución de los balances (n-1) y (n)
(Después de distribución de beneficios)

Año n-1

Activo		Pasivo	
Fijo 1.400		Rec. prop. 1.200	
- Amortiz. -210		+ Reservas 83	1.283
+ Invers. +475	1.665	Exig. total	1.617
Circulante 1.100			
+ Δ% Ventas 135	1.235		
	Total 2.900		Total 2.900

Año n

Activo		Pasivo	
Fijo 1.665		Rec. prop. 1.283	
- Amortiz. -230		+ Reservas 45	1.328
+ Invers. +490	1.925	Exig. total	1.922
Circulante 1.235			
+ Δ% Ventas 90	1.325		
	Total 3.250		Total 3.250

Obtenidas ya las cuentas de explotación y los balances de los años (n-2) (n-1) y n podemos proceder a aplicar la matriz propuesta.

AÑO	$\dfrac{BDI}{RP} \times 100$	% VARIACIÓN	$\dfrac{BAII}{RP} \times 100$	% VARIACIÓN	$\dfrac{AUTOF.}{RP} \times 100$	% VARIACIÓN
N-2	$\dfrac{195}{1.200} = 16,25\%$	-	$\dfrac{412}{1.200} = 34,3\%$	-	$\dfrac{335}{1.200} = 28\%$	-
N-1	$\dfrac{143}{1.283} = 11,14\%$	-31,45%	$\dfrac{380}{1.283} = 29,6\%$	-13,7%	$\dfrac{293}{1.283} = 22,8\%$	-18,6 %
N	$\dfrac{105}{1.328} = 7,90\%$	-29,09%	$\dfrac{360}{1.328} = 27,1\%$	-8,45%	$\dfrac{275}{1.328} = 20,7\%$	-9,2%

DIAGNÓSTICO

Comentario común:
Los recursos propios se han visto incrementados
Para años (N-1)/(N-2) = 7 %. Para (N)/(N-1) = 3,50 %.

Evolución BDI:
(Año N-1)/(Año N-2) = -31,45 % y (Año N)/(Año N-1) = -29,09 %.

Evolución BAII:
(Año N-1)/(Año N-2) = -13,7 % y (Año N)/(Año N-1) = -8,45 %.

Evolución autofinanciación:
(Año N-1)/(Año N-2) = -18,6 % y (Año N)/(Año N-1) = -9,2 %.

- El crecimiento de los recursos propios contrasta con el decremento del Beneficio Neto, BAII y Autofinanciación.

RECOMENDACIONES

- La Rentabilidad ha sufrido un descenso importante, sobre todo, en lo que afecta al BDI (Incidencia Cargas Financieras).
- La empresa debe pensar seriamente en diversificar los recursos.

AÑO	$\dfrac{\text{BDI}}{\text{VENTAS}} \times 100$	% VARIACIÓN	$\dfrac{\text{BAII}}{\text{VENTAS}} \times 100$	% VARIACIÓN	$\dfrac{\text{Autofinanciación}}{\text{VENTAS}} \times 10$	% VARIACIÓN
N-2	$\dfrac{195}{7.500} \times 100 = 2,6\ \%$	–	$\dfrac{412}{7.500} \times 100 = 5,5\ \%$	–	$\dfrac{335}{7.500} \times 100 = 4,46\ \%$	–
N-1	$\dfrac{143}{8.400} \times 100 = 1,7\ \%$	-34,6 %	$\dfrac{380}{8.400} \times 100 = 4,52\ \%$	-17,8 %	$\dfrac{293}{8.400} \times 100 = 3,49\ \%$	-21,8 %
N	$\dfrac{105}{9.000} \times 100 = 1,17\ \%$	-31,2 %	$\dfrac{360}{9.000} \times 100 = 4\ \%$	-11,5%	$\dfrac{275}{9.000} \times 100 = 3,05\ \%$	-12,6%

DIAGNÓSTICO

- El Beneficio Neto decrece en cifras absolutas.
- Las ventas han crecido ostensiblemente.
- Posible pérdida de margen.
- Los porcentajes de la variación son los más altos.
- De proseguir la tendencia se produciría situación grave.

- El BAII decrece en cifras absolutas.
- El porcentaje de variación es alto.
- No lo es tanto como el anterior, lo cual reafirma el proceso de cargas financieras.

- La Autofinanciación decrece en cifras absolutas.
- Se compensa, en parte, por las amortizaciones.
- El problema deriva de un bajo margen.
- La política de dividendos se mantiene a pesar de bajar el BDI.

CONSECUENCIAS

ESTUDIAR:
• Precios de venta.
• Análisis de costes.
• Vida del producto.
• Tendencia del mercado.
• Fuerte incidencia creciente de cargas financieras.

ESTUDIAR:
• Mismo proceso que ratios del Beneficio Neto.

ESTUDIAR:
• Mismo proceso que ratios anteriores.
• Política de dividendos.

AÑO	$\dfrac{\text{BDI}}{\text{Activo total}} \times 100$	% VARIACIÓN	$\dfrac{\text{BAII}}{\text{Activo total}} \times 100$	% VARIACIÓN	$\dfrac{\text{Autofinanciación}}{\text{Activo total}} \times 100$	% VARIACIÓN
N-2	$\dfrac{195}{2.500} \times 100 = 7,8\ \%$	–	$\dfrac{412}{2.500} \times 100 = 16,5\ \%$	–	$\dfrac{335}{2.500} \times 100 = 13,4\ \%$	–
N-1	$\dfrac{143}{2.900} \times 100 = 4,93\ \%$	–36,8 %	$\dfrac{380}{2.900} \times 100 = 13,1\ \%$	–20,5 %	$\dfrac{293}{2.900} \times 100 = 10,1\ \%$	–24,6 %
N	$\dfrac{105}{3.250} \times 100 = 3,23\ \%$	–34,4 %	$\dfrac{360}{3.250} \times 100 = 11,08\ \%$	–15,4%	$\dfrac{275}{3.250} \times 100 = 8,46\ \%$	–16,2%

Comentario común: Crecimiento de la inversión total
Período (N-1)/(N) = 12,07 % y Período (N-2)/(N-1) = 16 %.

DIAGNÓSTICO
Estas inversiones totales no producen plusvalía, sino que han producido un efecto negativo.

RECOMENDACIONES
- Desinvertir: Activos Circulantes o Activos Fijos o ambos.
- Evitar el crecimiento del endeudamiento.
- Practicar política de mayor autofinanciación.
- Revisar política de dividendos.

2.3 Análisis cualitativo de la empresa

No sólo el estudio del análisis-diagnóstico se debe apoyar en los datos numéricos o meramente cuantitativos, sino que siempre existen
unos aspectos que se deben conocer a fondo para incorporar al
diagnóstico global de la empresa. En este diagnóstico aparecen siempre una serie de datos que podrán dar explicación a los datos cuantitativos en algunas circunstancias, pero sobre todo el conocimiento de
todo lo que incumbe a la empresa, tanto desde el punto de vista endó-
geno como de un punto de vista exógeno (relaciones con terceros, entorno, competencia, etc.) dará una clara visión de la situación de la
empresa.

Generalmente, el conocimiento de los datos obtenidos a través de
un análisis cualitativo de la empresa dará mayor información para la
proyección de futuro de la empresa que como análisis histórico de
la misma, luego aún es mayor el interés que debemos aplicar a este aspecto del diagnóstico.

Con el fin de evitar extendernos en la expresión de cada uno de los
conceptos que se han de estudiar, proponemos el estudio cualitativo
de la empresa sobre la base de la aplicación de unos cuadros sinópti-
cos que detallamos:

2.3.1 *CARACTERÍSTICAS GENERALES DE LA EMPRESA (CUADRO 2.3)*

En el mismo se destaca a la empresa en estudio desde dos puntos de
vista:

– *Como ente jurídico:* Estudio de su régimen jurídico y fiscal, así como
una detallada situación de todos los compromisos
adquiridos con otros entes tanto si resultan ser a
su favor, como si son resultantes de obligaciones
por cumplir.

– *Como ente económico:*
Ubicación: Estudio exhaustivo de la zona donde radique con
especial interés en la aplicación de los factores
negativos y positivos que tal ubicación conlleve.

Dimensión sectorial: En este aspecto se destacará la participación en cada uno de los sectores al cual pertenezca dependiendo de su producto, mercado, etc.

Dimensión en un contexto general: Hace referencia a la empresa en su aspecto general, sin tener en cuenta aspectos particulares frente a su sector estudiados en la dimensión sectorial, sino como ente económico.

Es preciso resaltar en este cuadro todo lo que hace referencia a los compromisos contractuales, y sobre todo a su grado de cumplimiento.

Obsérvese que en el mismo destacan posibles deudas pendientes con los organismos oficiales, pleitos pendientes, hipotecas, etc., cuya situación es necesario conocer para evaluar. A fin de conocer las consecuencias jurídicas o económicas que se podrían derivar de la misma.

Otro punto importante es la revisión y comprobación de las últimas inspecciones habidas en la empresa, dado que la responsabilidad alcanza, desde un punto de vista fiscal, a los últimos cinco años, período que deberá considerarse como sujeto a posibles contingencias en caso de inspección.

Cuadro 2.3

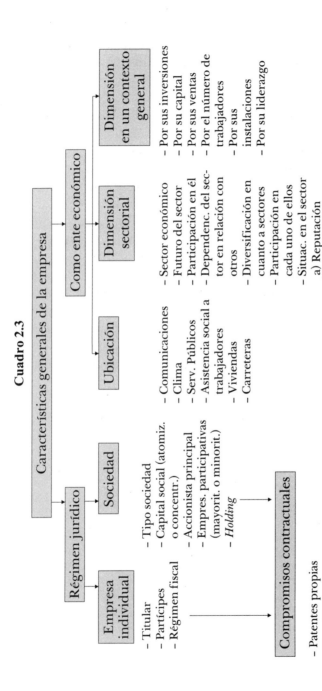

Características generales de la empresa

Régimen jurídico

Empresa individual
- Titular
- Partícipes
- Régimen fiscal

Sociedad
- Tipo sociedad
- Capital social (atomiz. o concentr.)
- Accionista principal
- Empres. participativas (mayorit. o minorit.)
- *Holding*

Compromisos contractuales
- Patentes propias
- Royaltis
- Hipotecas y garantías reales
- Contratos duraderos
- Acuerdos no corrientes con terceros
- Grado de cumplimiento en las obligaciones fiscales y sociales
- Fecha de las últimas inspecciones
- Pólizas de seguros
- Pleitos y contenciosos pendientes.

Como ente económico

Ubicación
- Comunicaciones
- Clima
- Serv. Públicos
- Asistencia social a trabajadores
- Viviendas
- Carreteras

Dimensión sectorial
- Sector económico
- Futuro del sector
- Participación en él
- Dependenc. del sector en relación con otros
- Diversificación en cuanto a sectores
- Participación en cada uno de ellos
- Situac. en el sector
  a) Reputación
  b) Política de precios
  c) Calidad
  d) Servicio

Dimensión en un contexto general
- Por sus inversiones
- Por su capital
- Por sus ventas
- Por el número de trabajadores
- Por sus instalaciones
- Por su liderazgo

2.3.2 *FACTORES HUMANOS Y LABORALES*

A continuación estudiaremos un cuadro donde se contemplan aspectos de orden organizativo, de jerarquías y laboral, destacando del mismo:

1.º Características, composición y motivación de los miembros del consejo de administración, en función del poder decisorio de cada uno de ellos. Este aspecto es muy importante, toda vez que se debe ver el grado de consenso o discrepancia que pueda haber en su seno, así como todos o algunos de ellos también tienen funciones asignadas de dirección o ejecución.

2.º Dirección ejecutiva. Lo más destacable deben ser las características humanas y profesionales del máximo responsable, trayectoria profesional en la empresa y currículum de anteriores, pero destacando: relaciones con el consejo de administración, relaciones con su equipo directivo, liderazgo, capacidad de organización, etc.

3.º Estudio de los mandos superiores (equipo de dirección). Somero estudio de cada uno de ellos, con especial atención a la trayectoria de su carrera profesional, relaciones con sus inferiores y capacidad de liderazgo, asimismo grado de relaciones con sus superiores.

4.º Del resto del personal, destacar la composición de la plantilla, política laboral en cuanto a retribución, condiciones de trabajo, productividad, etc., y por último, pero no por ello menos importante, estudio del clima laboral en todos los estamentos de la empresa.

De todo ello tiene el lector cumplida explicación y guía en el cuadro 2.3.2.

Cuadro 2.3.2

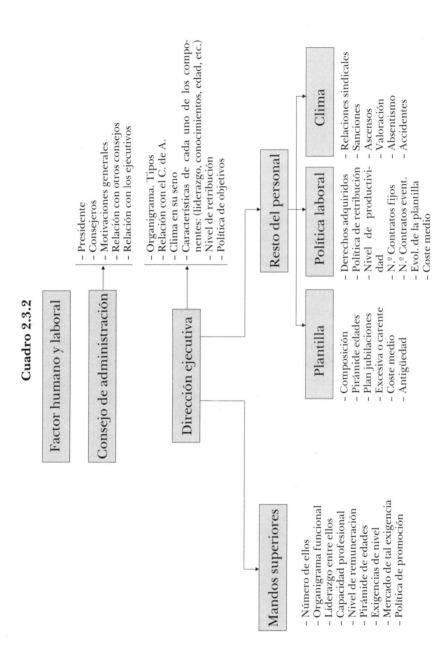

Factor humano y laboral

Consejo de administración
- Presidente
- Consejeros
- Motivaciones generales
- Relación con otros consejos
- Relación con los ejecutivos

Dirección ejecutiva
- Organigrama. Tipos
- Relación con el C. de A.
- Clima en su seno
- Características de cada uno de los componentes: (liderazgo, conocimientos, edad, etc.)
- Nivel de retribución
- Política de objetivos

Mandos superiores
- Número de ellos
- Organigrama funcional
- Liderazgo entre ellos
- Capacidad profesional
- Nivel de remuneración
- Pirámide de edades
- Exigencias de nivel
- Mercado de tal exigencia
- Política de promoción

Resto del personal

Plantilla
- Composición
- Pirámide edades
- Plan jubilaciones
- Excesiva o carente
- Coste medio
- Antigüedad

Política laboral
- Derechos adquiridos
- Política de retribución
- Nivel de productividad
- N.º Contratos fijos
- N.º Contratos event.
- Evol. de la plantilla
- Coste medio

Clima
- Relaciones sindicales
- Sanciones
- Ascensos
- Valoración
- Absentismo
- Accidentes

2.3.3 ASPECTOS COMERCIALES Y DE PRODUCCIÓN

En el cuadro 2.3.3 se presenta esquemáticamente una guía para el estudio, análisis y valoración de lo relacionado con el producto, con especial atención de los tres aspectos siguientes:

– Comercialización del producto
   Clasificación del producto.
   Evolución de la vida del mismo.
   Ventas/Coste.
   Distribución.
   Previsiones, tendencias de venta, etc.
   Publicidad.
   Etc.

– Aprovisionamientos.
   Todo lo relativo al estudio de los consumos utilizados por el proceso productivo, características de los mismos, relaciones con proveedores, etc.

– Aspectos de la producción.
   Dependiendo del tipo de empresa, puede ser el aspecto más importante, señalando entre otros: estado del equipo productivo, innovaciones, coste de producción, productividad, tecnología, etc.

Naturalmente, en función de las características del tipo de empresa (comercialización, producción, distribución, etc.), cada aspecto estudiado tendrá un peso específico diferente con respecto a los demás, pero de hecho siempre se contemplará el conjunto de los tres.

Cuadro 2.3.3

Estudio de las características producto/comercialización

COMERCIALIZACIÓN

- Clasificación del producto:
  • Consumo industrial.
  • Básico.
  • Consumo directo.
  • Etcétera.
- Vida del producto. Evolución.
- Número de productos.
- Familias de productos.
- Evolución y renovación.
- Estacionalidad.
- Canales de distribución/coste.
- Organigrama departamento.
- Condiciones de venta:
  a) Comerciales.
  b) Financieras.
- Distribución:
  a) Venta directa.
  b) Agentes propios.
  c) Agentes autónomos.
  d) Delegaciones propias.
  e) Delegaciones autónomas.
- Elementos de transporte:
  a) Propios/Coste.
  b) Ajenos/Coste.
- Previsión de ventas:
  a) Grado de penetración en el mercado.
  b) Evolución de períodos anteriores.
- Tendencia del mercado.
- Publicidad y propaganda.
- Dependencia de modas y/o costumbres.
- Competencia. Análisis general.

APROVISIONAMIENTOS

- Tipo de suministros.
- Proveedores habituales:
  a) Abundantes.
  b) Escasos.
- Rotación de stocks.
- Dependencia del departamento.
- Condiciones de compra.
  a) Exigencia del proveedor.
  b) Nivel de negociación.
- Disponibilidad de almacenes.
- Control de stocks.
- Grado de medios información.
- Stock de seguridad. Coste.
- Nivel de especulación.
- Condiciones de pago:
  a) Habituales.
  b) Pronto pago.
- Invent. permanente. Valoración
- Exigencia de calidad.

PRODUCCIÓN

- Tipo de producción:
  a) Alternativo.
  b) Continuado.
- Estructura necesaria. Coste.
- Medios productivos:
  • Evolución.
  • Grado de tecnología.
  • Sofisticación.
- Grado de productividad.
- Nivel de calidad (factor humano).
- Exigencia de calidad.
- Costes de fábrica:
  a) Fijos.
  b) Proporcionales.
- Aplicac. y cumplimiento del presupuesto.
- Estilo de mando.
- Organigrama.
- Índice de ocupación m.o. directa.
- Turnos de trabajo.

2.4 Determinación y valoración de los puntos fuertes y puntos débiles

Una vez se ha hecho una valoración de todos y cada uno de los aspectos propuestos en los cuadros anteriormente mencionados, con especial atención por parte del evaluador en los aspectos más destacables de la empresa según sus características y circunstancias, es muy recomendable proceder a un cuadro de evaluación donde se resaltarán aquellos puntos fuertes y débiles que se han observado, con expresión de la fuente de datos. Asimismo, en el caso de los puntos débiles, la mejora que se ha de proponer con la valoración que supondría, así como el tiempo de consecución.

Es evidente que los puntos fuertes, ya de por sí, constituyen valores positivos de la empresa. En cambio, los puntos débiles denotarán, o bien su coste de mejora con una directa incidencia sobre la valoración en cuestión, o bien un acuerdo de las partes sobre el coste de la corrección del punto débil.

En el cuadro 2.4 se puede observar un modelo de aplicación para la valoración de los puntos débiles y fuertes que dejamos a la libre aplicación y adaptación del lector.

Cuadro 2.4

Aspectos a evaluar	Datos obtenidos o consideraciones	Valoración		Mejoras a proponer para su corrección	Coste de la mejora	Plazo de ejecución
		Puntos débiles	Puntos fuertes			

3

Métodos de valoración

3.1 Métodos basados en datos contables

De los diversos sistemas de valoración basados en datos contables históricos destacamos:

a) *Valor contable*
b) *Valor contable corregido*
c) *Valor sustancial*
d) *Valor basado en los capitales permanentes empleados*

Todos estos sistemas considerados como tradicionales están concebidos en los datos que aparecen en los balances, tanto en el activo (inversión de la empresa), como en el pasivo (éste representa la financiación utilizada por la empresa). Estos métodos sólo contemplan la situación patrimonial de la empresa, por lo que la aplicación de estos sistemas mostrará una *situación patrimonial estática*, y será un punto de referencia que, si bien tiene su importancia, es un elemento de partida para cualquier negociación.

3.1.1 *VALOR CONTABLE* (BOOK-VALUE)

También se le denomina valor matemático. Es la diferencia entre el activo real y el exigible o deudas totales. Se debe hacer hincapié en el hecho de considerar sólo el activo real. A tal efecto se deberá prescindir de todas aquellas partidas que, figurando en el activo, no tengan ningún grado ni posibilidad de realización. Estas partidas están generalmente representadas en el activo ficticio, que si bien la empresa tuvo que desembolsar y considerar, de hecho no tiene ningún valor a efectos de valoración de la empresa en sí.

Las partidas que generalmente comprenden este apartado son:

– Gastos ocasionados por la constitución de la sociedad
– Gastos de primer establecimiento
– Gastos ocasionados por ampliación de capital social
– Gastos de emisión de deuda

En caso de aparecer partidas de activo ficticio, no sólo se debe proceder a su deducción, sino que además se valorará el peso específico que sobre el total del activo puede representar.

Su representación sería:

$$VC = \text{Activo real} - \text{Exigible total}$$

o

$$VC = \text{Recursos propios} - \text{Activo ficticio}$$

(VC = Valor contable).

Aplicación de un caso:

Cuadro 3.1

Activo   Pasivo

aplicando los valores correspondientes, el valor contable se calcularía:

VC =	Activo real	–	Exigible total
450 =	550 + 150 + 150 + 100	–	500
o:			
VC =	Recursos propios	–	Activo ficticio
450 =	500	–	50

3.1.2 *VALOR CONTABLE CORREGIDO*

Consiste en la actualización de los elementos que constituyen el balance actual de una empresa, sustituyendo los valores que figuran en el balance por los actuales y, en su caso, aquellos valores que hayan seguido un determinado criterio de valoración y deban ser objeto de ajuste.

Primero se debe proceder a un exhaustivo inventario de todos los elementos que componen el activo de la empresa, atendiendo a:

- *Valores de inmovilizado*
- *Valores de explotación*

Dentro de los primeros, también se deben considerar tres aspectos:

Valores de Inmovilizado	– En explotación
	– En futura vía de incorporación
	– Ajenos a la explotación

Relizado este análisis, se debe valorar cada elemento con especial atención a su fecha de adquisición, marca, vida útil, etc., así como al grado de amortización que le corresponda debido a su estado, antigüedad, etc. Aplicando esta metodología se obtendrán los valores contables corregidos partiendo de los datos base del balance inicial.

En cuanto a los valores de explotación, previamente se debe proceder a contemplar:

Valores de Explotación	– Stock (en todos sus grados de clasificación)
	– Derechos y créditos a favor
	– Tesorería y depósitos a favor de la empresa

Lo primero que se debe hacer es proceder a la comprobación fehaciente de la existencia en cantidad y calidad de todos los elementos que estén detallados en el balance a revisar. Una vez efectuado este recuento, se procederá a su valoración en unidades homogéneas, (unidades monetarias) en base a los siguientes criterios generales.

- *Stocks.* Para la valoración de las partidas que comprenden los stocks de la empresa se aplicará el precio de adquisición o el de mercado, si éste fuera menor.

El precio de adquisición comprenderá el consignado en la factura del proveedor más los gastos ocasionados por el acto de la compra (portes, fletes, aranceles, seguros, etc.). Si se tratase de artículos de producción propia, se computarán el cálculo de stocks, las materias primas empleadas, los materiales de consumo incorporados, la mano de obra y todos aquellos gastos que le corresponda debido a la aplicación del sistema de costes que la empresa pudiera tener en aplicación.

Los métodos de valoración como FIFO, LIFO y promedio pueden ser de utilidad para la aplicación de los criterios descritos.

– *Derechos y créditos a favor.* Los títulos o derechos a favor de la empresa en cuestión se valorarán, por lo general, según su precio de adquisición más todos los gastos que haya ocasionado tal operación. Una salvedad que se ha de tener en cuenta es la que se refiere a los títulos que coticen en Bolsa, que podrían figurar con el valor que haya alcanzado la cotización como media de los tres últimos meses.

Los efectos en cartera y créditos de toda clase figurarán en el balance, será por su importe nominal. Siempre se deberá proceder con extrema cautela en todo lo referente al saneamiento de los saldos que figuren como pendientes de cobro con cierta antigüedad y que hagan presumir, sino ya una insolvencia, la sospecha de gran dificultad en su cobro.

En los valores de tesorería y depósitos cuya titularidad corresponda a la empresa, se deberá proceder a la comprobación de su existencia e importe.

De la misma forma se actuará con los valores de exigible o deudas contraídas por la empresa con todos sus acreedores e instituciones financieras. Se hará mediante una comprobación de la existencia e importe de todos los saldos que figuran acreedores, sin dejar de prestar atención a aquellos que puedan obedecer a deudas contraídas con organismos oficiales, que podrían ser objeto de inspecciones, actas, recargos, multas, etc.

Una vez obtenidos todos los datos y habiendo procedido a su aplicación, se obtendrá un nuevo balance actualizado, y aplicando la fórmula descrita en el valor contable, sólo deberá procederse a diferenciarla para el tratamiento de corrección de futuro de la aplicación de tal característica.

La fórmula, pues, será:

$$VC(C) = \text{Activo real (C)} - \text{Exigible total (C)}$$

(C) = Corregido

en cuyo valor final VC(C) habrán quedado de manifiesto las diferencias con su correspondiente signo positivo o negativo, lógicamente más fiable por el rigor que contiene que el demostrado en el sistema sin corregir.

3.1.3 *VALOR SUSTANCIAL*

A diferencia del valor contable, el valor sustancial contempla sólo el activo de la empresa como conjunto de inversiones, prescindiendo de la política de financiación que se haya utilizado. Dicho de otra forma, se supone que el pasivo está compuesto exclusivamente con recursos propios.

El valor sustancial es, en definitiva, el valor de reposición en valores actuales que corresponde a todos los elementos que comprenden el activo, *considerando sólo los bienes y derechos indispensables para la explotación.*

Debemos de nuevo referirnos a la necesidad de proceder a una valoración de los elementos que corresponden al inmovilizado y circulante de acuerdo con las masas que componen los mismos, tal como se vio en el punto 3.1.2.

El valor sustancial sería el correspondiente al de reposición o coste necesario para obtener la producción interesada. Este valor servirá de punto de referencia para la valoración, ya que la aplicación sobre la valoración real en cuestión estribaría principalmente en el recuento y comprobación de valores que componen el activo.

Supongamos el siguiente caso de aplicación (cuadro 3.1.3) al igual que se vio en el capítulo correspondiente al valor contable.

El responsable de la valoración deberá proceder a la misma según los siguientes criterios:

a) Comprobará si todos los elementos que figuran en el balance son estrictamente necesarios e indispensables para el desarrollo de la actividad empresarial.
b) Evaluará con criterios de valor de reposición los elementos clasificados en el apartado anterior.

De acuerdo a las instrucciones y puntos anteriores, supongamos que se ha llegado a las siguientes conclusiones:

Cuadro 3.1.3

Activo	
Ficticio	50
Inmovilizado	550
Stocks	150
Realizable	150
Disponible	100
Total	1.000

Inmovilizado. Partiendo de la peritación y cálculo del valor actual de los terrenos y edificios, se debe proceder a actualizar este capítulo en 150 u.m. más de las que aparecen en el balance.

Maquinaria y elementos de producción necesarios. Con arreglo a la valoración elemento por elemento, y en función del estado actual, vida útil, etc. se han aplicado las oportunas correcciones, llegando a un incremento de la suma algebraica de todos los elementos cuantificados, de 100 u.m. por encima del valor representado.

En contrapartida, se debe proceder a eliminar a efectos de la valoración, una serie de elementos y derechos que figuran en el balance por un valor de 30 u.m., toda vez que su existencia no es necesaria para el normal desarrollo económico de la empresa.

Circulante. Realizadas las correspondientes revisiones y valoraciones de los mismos, la suma total actualizada arroja un decremento, en relación con los iniciales, de 30 u.m.

En cuanto al disponible y realizable no se han observado diferencias dignas de modificación.

Aplicando los datos modificados, se obtendría el nuevo balance según el cuadro 3.1.3.1.

Cuadro 3.1.3.1

Ficticio	0
Inmovilizado 550 + 150 + 100 – 30	770
Stocks	150 – 30 = 120
Realizable	150
Disponible	100
Total	1.140

Este nuevo valor constituye el valor sustancial de esta empresa según lo considerado anteriormente.

La expresión que se ha de aplicar para el concepto de valor sustancial vendría indicada como:

Valor sustancial de la empresa	=	Activo real	–	Valores activos **NO** necesarios para la explotación[1]

EN RESUMEN:

El valor sustancial es aquel que correspondería al coste de poner en funcionamiento una empresa de las características interesadas, de no existir ésta.

---

1. Se deben considerar valores activos no necesarios para la explotación aquellos que no son indispensables para la misma. Por ejemplo: terrenos no edificados, inversiones financieras en otras empresas, economatos, etc.

3.1.4 *Criterios basados en los capitales permanentes*

Recordemos en primer lugar que los capitales permanentes necesarios para la explotación son aquellos que precisa la empresa para la adecuada financiación de toda su inversión en activos fijos más la dotación necesaria para la cobertura del fondo de maniobra de aquellos activos circulantes cuya rotación no está cubierta por el exigible a corto plazo.

Volviendo de nuevo al balance que se representó por el valor contable (cuadro 3.1), los capitales permanentemente empleados serían de:

Recursos permanentes	=	Recursos Propios	+	Exigible a largo plazo
700		500		200

Este total de 700 u.m. está financiando la parte constituida por el inmovilizado total (600 u.m.) más 100 u.m. que lo hace en función del fondo de maniobra.

En contraposición con el concepto de valor sustancial, que contempla el activo como inversión sin tener en cuenta la forma de financiación, este criterio se basa precisamente en la cuantificación de los fondos necesarios para el correcto equilibrio financiero de la empresa. De forma esquemática podemos resumir este criterio así:

Capitales permanentes necesarios:

Inmovilizado neto total
– Ficticio (en su caso)

= Inmovilizado neto real
– Inmovilizado ajeno a la explotación

= Inmovilizado de explotación
+ Fondo de maniobra necesario a la explotación basándose en el cálculo del período de maduración

= Capitales permanentes necesarios

Los capitales permanentes están representados en el pasivo como recursos propios más deudas a largo plazo, constituyendo la proporción entre ambos, las cargas financieras de la empresa derivadas de la deuda externa.

Este aspecto puede tener cierta relevancia para comprender por qué un vendedor puede llegar a optar por la venta de su empresa.

Si, por ejemplo, los fondos permanentes necesarios para una empresa son tales que provoquen:

a) Un dividendo muy bajo o inexistente.
b) Cargas financieras excesivas.

Es fácil llegar a la conclusión que los recursos que se han de generar no están en consonancia con la capacidad real de los mismos para retribuir, de una manera justa, a los accionistas. Aquí, se impone pues el estudio a fondo si la inversión es excesiva o bien la rentabilidad insuficiente.

Este método también podrá ayudar a clarificar las necesidades financieras en estructura que precisa una empresa en determinadas situaciones, que no será otra cosa que su valor.

3.1.5 *VALOR DE LIQUIDACIÓN DE LA EMPRESA*

Si consideramos el valor de la empresa en términos contables constantes, podríamos establecer perfectamente que el valor de una empresa sería igual a los resultados globales obtenidos desde su puesta en marcha, junto con las aportaciones y ampliaciones de capital, así:

$$RG = VL + D - (Ai + As)$$

donde:
RG= Resultado global.
VL= Valor de liquidación o venta.
D = Dividendos.
Ai = Aportaciones iniciales.
As = Aportaciones sucesivas.

Lo que nos daría un nuevo parámetro para basar el cálculo del valor empresa en función del valor VL.

3.2 Cálculos basados en función de datos de futuro

Frente a los sistemas estudiados con anterioridad y que hacían referencia a la valoración en función de unos bienes o derechos existentes, vamos a considerar en el presente capítulo unos sistemas de valoración basados en la capacidad futura de producir beneficios.

Parece evidente que la empresa tenga una capacidad real de generación de beneficios basada en los datos históricos que reflejan las situaciones contables. Pero no es menos cierto que la empresa debe tener una capacidad futura de generación de beneficios fruto de su implantación en el mercado, cartera de clientes, producto, etc. Así, pues, esa capacidad de generación de beneficios futuros debidamente actualizada durante un período de tiempo determinado, arrojará el resultado de la capacitación por beneficios que se han de considerar en un futuro más o menos próximo, cuyo valor no debe ser ignorado.

No obstante, la dificultad que pueda encerrar la aplicación de estos sistemas radica en:

1) Fijación de un período de ejercicios que se ha de proyectar.
2) Proceder a la confección de las cuentas de explotación referidas al período considerado en el punto anterior.
3) Designar la tasa de descuento o actualización que se tiene que aplicar.
4) Actualizar los flujos futuros.

Los sistemas basados en proyecciones de futura capacidad de rentabilidad tienen mayor aceptación, pues muestran no sólo el valor de la empresa en un momento estático, sino en su dimensión dinámica. La dificultad que conlleva es una gran carga de subjetividad en la aplicación de los valores por proyectar, por lo que, para evitar en lo posible este efecto, se debe contemplar un sinfín de factores correctivos ajustados.

3.3 El valor de rendimiento

El procedimiento, de valoración basado en valores de futuro, más conocido, es el denominado valor de rendimiento.

Evidentemente, para proceder a su aplicación, debe tratarse de una empresa en funcionamiento y con claras posibilidades de obtener beneficios a un horizonte razonable.

En un contexto de cálculo actuarial, se puede definir el valor de rendimiento como la cantidad de dinero que se precisaría en una inversión para que, colocada a una tasa determinada de capitalización, arrojara una renta equivalente al beneficio que obtiene o tenga capacidad de obtener la empresa en cuestión.

Tal como se indicó en el apartado anterior, los parámetros de aplicación en este sistema serán:

B= Beneficio esperado en los futuros ejercicios.
n= Número de ejercicios para la actualización.
i = Tasa que se ha de aplicar para su actualización.

Refiriéndonos al valor B en primer lugar, se considerarán beneficios aquellos que se obtengan de las cuentas previsionales de explotación, representados generalmente en términos de *Cash-flow*, es decir, considerando el efecto de las amortizaciones como parte de recuperación del capital invertido.

El número de ejercicios económicos se fijará en función de un horizonte razonable según la vida del producto, mercado, clientela, competencia, etc., pudiéndose incluso considerar este valor como de duración ilimitada.

En cuanto a la tasa de actualización, se deberá aplicar en función de diversos criterios, de los cuales podemos contemplar algunos de ellos a título de simple enumeración.

3.3.1 *Tipo de actualización que se ha de aplicar (Tasa)*

Uno de los factores que más problemas suele reportar es el de la aplicación del tanto de actualización a los valores de futuro.

En principio, debemos indicar que obedecería a aquel tipo que coincida con la tasa de retorno, que el inversor exigiría para una inversión con riesgo similar al que se contempla.

Esta tasa, entre otros condicionantes, estará sujeta al nivel de estructura financiera de la empresa. Cuanto mayor sea el endeudamiento, más alta será esta tasa.

El comportamiento, que se producirá de forma general, viene representada en el cuadro 3.3.1.

Cuadro 3.3.1

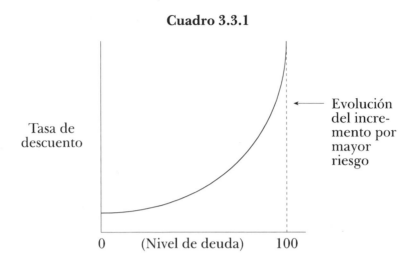

En esta expresión, se puede comprobar que cuanto mayor sea el endeudamiento de una empresa, menor será su valor, pues la exigencia del posible inversor será también mayor.

No obstante, y al margen de la condición impuesta por el nivel de la deuda actual de la empresa, debemos referirnos a la tasa que deberá aplicarse a la actualización de los ingresos previstos.

Utilizaremos de nuevo la tasa exigida por el inversor. Pero, a su vez, esta tasa estará siempre conformada por dos factores que se complementan y conjugan: el tipo básico, o el aplicable en principio a toda inversión sin riesgo. Este tipo estará basado generalmente en:

a) El tipo básico medio del mercado de capitales de renta fija.
b) El tipo medio de las inversiones en valores exentos de riesgo (por ejemplo valores emitidos por el Estado).

A este tipo básico le podemos denominar «K».

No obstante, es sabido que en toda inversión existe un riesgo dado por:

1) La imposibilidad de cumplir las previsiones que han servido precisamente para la toma de las decisiones.
2) El grado de liquidez de los excedentes, si se producen, en comparación con los posibles obtenidos en otra inversión.
3) Situación del entorno económico y de actividad de la empresa (deprimido, incertidumbre, etc.).

Todos estos aspectos deben ser calibrados por el inversor, y al conjunto de todas estas contingencias se le denomina índice de riesgo.

A este tipo complementario le denominaremos «R».

3.3.2 *PROPUESTA PARA LA APLICACIÓN DEL TANTO QUE SE HA DE APLICAR EN FUNCIÓN DEL BÁSICO Y DEL COMPLEMENTARIO*

Una propuesta para el tratamiento y aplicación del tipo de actualización consistiría en la combinación de los dos estudiados en el párrafo anterior.

Recordemos:

K = tanto constante, sin riesgo.

R = tanto que se ha de aplicar por el riesgo a considerar (denominado prima de riesgo).

Luego «i» o tasa global, será igual a:

$$i = K + R$$

que se debe aplicar basándose en las tablas financieras que correspondan al valor «i» buscado.

A continuación se propone también una tabla de cálculo (cuadro 3.3.2) sin otra pretensión que dar una idea en cuanto a la cuantificación, dentro de toda objetividad posible, de la tasa de actualización que se ha de aplicar en cada caso o inversión.

Cuadro 3.3.2

Fijación de tasas de actualización en función de la aplicación de riesgos que se han de asumir

Ejemplo:

	Inversión en Empresa «A»	Inversión en Empresa «B»	Inversión en renta fija emitida por el Estado
V – Tasa de rendimiento general (Valor «K»)	5 %	5 %	5 %
A – Riesgo por entorno-mercado en cada caso	1,5 %	2 %	–
L – Remuneración en función de la posibilidad de liquidez	1 %	1 %	–
O – Riesgo de consecución de objetivos considerados	1 %	1,5 %	–
R – Otros	–	–	–
«R» – Tasa de actualización que se ha de aplicar en cada caso	8,5 %	9,5 %	5 %

3.3.3 *TRATAMIENTO DEL CRECIMIENTO Y LA ACTUALIZACIÓN*

Hemos visto el tratamiento de la aplicación del tanto «i» para la actualización de los rendimientos previstos, pero debemos considerar también la existencia de una tasa de crecimiento fruto tanto de la propia evolución de la empresa como de la reinversión de los beneficios.

Por ello se debe aplicar especial atención a la tasa de crecimiento que tenga prevista la empresa y que, como se verá, guarda una estrecha relación sobre la tasa de actualización.

A la tasa de crecimiento la denominamos «C». Para el correcto tratamiento de la tasa «C» se deberá dar prioridad al conocimiento de:

- Evolución de la propia empresa.

- Política de autofinanciación, dividendos y beneficio.

- Flexibilidad de la empresa ante cambios coyunturales y estructurales.

- Comportamiento del mercado donde opera.

- Evolución de los agentes económicos en general.

- Características e idiosincrasia de la competencia.

- Política del producto, precio y demanda.

- Etc.

La tasa de crecimiento ejerce un efecto inverso a la tasa de actualización.

Así, por ejemplo, si suponemos que:

- Beneficios obtenidos año «n»   = 10.000 u.m.

- Tasa de crecimiento
  considerada para el año (n + 1) = 12 %

- Tasa de actualización
  a aplicar en el año (n + 1)   = 8 %

El cálculo del beneficio real en términos netos para el año (n + 1), lo plantearíamos así:

Cálculo de
beneficios para $\left.\vphantom{\begin{matrix}a\\a\\a\end{matrix}}\right\}$ $\dfrac{B^{\underline{o}}(\text{año n}) \times (1 + C)}{(1 + i)}$
el año (n + 1)

Ya que aplicando valores:

Beneficios
año n $\qquad \dfrac{10.000 \times (1 + 0,12)}{(1 + 0,08)} = 10.370$

No cabe duda de que el estudio y tratamiento de las tasas de crecimiento y actualización tiene un papel determinante en el valor de la
empresa, considerando éste, como el valor de rendimiento futuro.

Y, generalizando, se pueden plantear tres situaciones:

Que C > i
Que C = i
Que C < i

En la primera situación, cuando el tanto de crecimiento sea superior a la tasa de actualización, es cuando se producirá un mayor valor
de la empresa.

En el segundo caso, la actualización queda neutralizada. No proce-
dería actualizar los valores por quedar compensados con la tasa de
crecimiento y se podrían considerar los valores absolutos de base.

Por último, cuando la tasa de crecimiento es inferior a la de actualización, el valor de la empresa será el más bajo de las tres situaciones.

También cabe destacar, al respecto, el papel que tiene el factor entorno o condiciones económicas del momento y lugar que se trata. Por
ejemplo, el caso de valoraciones de empresas de otros países donde
puede haber unas diferencias en cuanto a los costos de los recursos financieros, índices de inflación, política monetaria, etc., muy distintos
del lugar donde se tenga que efectuar la valoración.

Conocidos ya los parámetros necesarios para la aplicación del valor
de rendimiento, utilizaremos la fórmula de actualización donde:

$$VR = \frac{B1}{(1+i)} + \frac{B2}{(1+i)^2} + \dots \frac{Bn}{(1+i)^n}$$

siendo:

VR = Valor de rendimiento.
B = Beneficios esperados en cada período.
i   = Tasa de actualización de los beneficios (B).
n = Número de ejercicios económicos considerados.

Apliquemos un supuesto:
En un proceso de valoración se llega a establecer, a través de las cuentas previsionales de explotación, que los beneficios que se esperan generar en los próximos cinco años serán:

$$B1 = 150.000 \text{ u.m.}$$

$$B2 = 168.000 \text{ u.m.}$$

$$B3 = 188.000 \text{ u.m.}$$

$$B4 = 210.749 \text{ u.m.}$$

$$B5 = 236.029 \text{ u.m.}$$

y que la tasa de actualización a aplicar será de i = 10 %.
Aplicando la fórmula expresada anteriormente resultaría:
aplicando los correspondientes valores de las tablas financieras y procediendo a su desarrollo, se llega a:

$$\underline{VR = 706.936 \text{ u.m.}}$$

este período de tiempo considerado suele ser insignificante en la vida de una empresa por lo que se refiere a las posibilidades reales, por lo general a su verdadera duración. Por ello, y toda vez que una proyección a plazos mayores resulta de cierta complejidad, otro sistema de aplicación consiste en considerar un valor de beneficios (B) como constante a lo largo del período, en cuyo caso la fórmula de una renta anual y que vendría expresada en los términos:

$$VR = B \cdot \frac{(1+i)^{n-1}}{i \cdot (1+i)^{n}} \qquad \text{(A)}$$

o lo que es igual:

$$VR = B \cdot a \, \overline{\underset{n}{}}|\, i$$

cuyos valores de aplicación serán fácilmente obtenidos a través de los correspondientes valores financieros.

Otra aplicación que se puede presentar con cierta frecuencia es la de considerar como ilimitado el tiempo, como si el horizonte económico tuviera una perspectiva a plazo indeterminado.

En estas circunstancias, se aplicarán en los valores de la fórmula anterior y en el factor multiplicado de la B, las siguientes consideraciones. Cuando:

$$\lim_{n-\infty} \frac{(1+i)^{n-1}}{1 \cdot (1+i)^n} = \frac{1}{1}$$

por lo que aplicado de nuevo:

$$VR = \frac{B}{i} \qquad (3.3.3.1)$$

Supongamos que una empresa debe valorar presente unos datos asumibles unos beneficios constantes de 30.000.000 de u.m./año durante un período indefinido, considerando una tasa de actualización del 10 % anual.

Aplicando: (3.3.3.1)

$$VR = \frac{B}{i} = \frac{30.000.000 \text{ u.m.}}{0,10} = 300.000.000 \text{ u.m.}$$

que sería el valor de rendimiento buscado.

Debemos reincidir en remarcar la importancia que adquiere en este método la asignación del valor «i», que, como se puede comprobar por su aplicación, será un valor determinante para el cálculo.

3.4 Magnitudes que se deben considerar para la valoración

Al aludir al cálculo del valor de rendimiento, se ha hecho referencia a los beneficios generados.

Ahora bien, se debe entrar en la elección de la magnitud en cuanto a cada estadio de beneficios.

Una consideración a tener en cuenta es que actualmente, en España, el impuesto de sociedades consiste en un tipo fijo (en este caso el 35 %) sobre la base imponible, luego se puede prescindir de este efecto toda vez que cualquier estudio alternativo será homogéneo basándose en este efecto.

Otro aspecto importante es el referido a las cargas financieras ocasionadas por el uso de recursos ajenos a largo plazo, que pueden ser obviados toda vez que no tienen una implicación directa en cuanto a la generación de beneficios, pues obedecen a una política estructural de recursos ajenos sustitutivos de recursos propios. Son, en definitiva, parte de los dividendos que corresponderían a los recursos propios derivados hacia cargas financieras por ausencia de aquéllos.

3.4.1 *EL BAII (Beneficio antes de intereses e impuestos)*

Las reflexiones expuestas en el párrafo anterior nos conducen a la conclusión que la medida real en la posibilidad de generación de fondos en toda empresa radica o se refleja en el BAII.

Esquemáticamente, el BAII lo podemos representar (cuadro 3.4.1.).

Habiendo puesto de manifiesto ya la importancia que tiene el parámetro BAII, remitimos al lector a su aplicación en los conceptos estudiados en el capítulo 2.1, donde se estudian seis puntos fundamentales en un diagnóstico financiero.

La medida de la rentabilidad se deberá establecer partiendo de la rentabilidad económica. El ratio a aplicar se conoce como R.O.I. *(Retourn on investment),* y contempla la relación que existe entre el BAII ya descrito y el valor de la inversión (activo total).

Cuadro 3.4.1

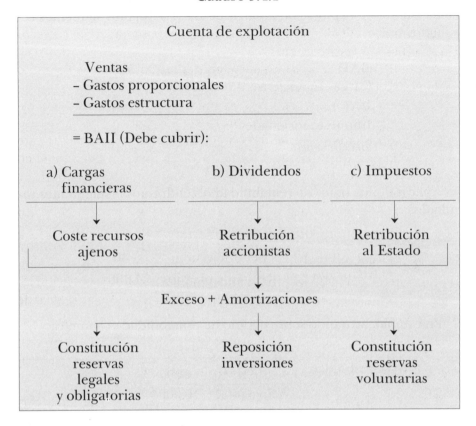

Cuenta de explotación

Ventas
– Gastos proporcionales
– Gastos estructura

= BAII (Debe cubrir):

a) Cargas financieras	b) Dividendos	c) Impuestos
↓	↓	↓
Coste recursos ajenos	Retribución accionistas	Retribución al Estado

Exceso + Amortizaciones

Constitución reservas legales y obligatorias	Reposición inversiones	Constitución reservas voluntarias

Debemos resaltar de nuevo que todo estudio basado en la aplicación de estos criterios nos permitirá hacerlos extensivos a cualquier situación alternativa que se pueda plantear.

Para cerrar este párrafo consideremos el siguiente ejemplo:

Balance empresa «A»

Total activo 10.000	Recursos propios 4.000
10.000	Recursos ajenos 6.000
	10.000

Supuesto un BAII de 500.

Coste de los recursos ajenos: 9 %.

La cuenta de explotación a partir de BAII arroja los siguientes resultados:

$$
\begin{array}{ll}
\text{BAII} \dotfill & 500 \\
-\text{Cargas financieras (9 \% s/6.000)} \dotfill & \underline{540} \\
\text{BAI} \dotfill & -40 \\
-\text{Impuesto sociedades} \dotfill & \underline{0} \\
\textit{Beneficio neto} \dotfill & -40
\end{array}
$$

Aplicando los ratios de rentabilidad obtendremos los siguientes resultados:

$$
\begin{array}{l}
\text{Rentabilidad} \\
\text{financiera}
\end{array}
= \frac{\text{Beneficio neto}}{\text{Recursos propios}} = \frac{-40}{4.000} \approx 0
$$

En cambio, actuando sobre el ratio de rentabilidad económica:

$$
\begin{array}{l}
\text{Rentabilidad} \\
\text{económica} \\
\text{(R.O.I.)}
\end{array}
= \frac{\text{BAII}}{\text{Activo total}} = \frac{500}{10.000} = 0,05 = 5\%
$$

Lo cual pone de manifiesto la importancia de las magnitudes que se han de considerar y sus diferentes resultados, así como la unificación del endeudamiento.

3.4.2 *EL* CASH-FLOW

El *cash-flow* lo conforman los flujos de caja que, en definitiva, comprenden los beneficios netos más las amortizaciones, considerando a éstas como no salidas de efectivo.

El esquema del *cash-flow* lo representaremos a partir también de lo expresado en el cuadro 3.4.1 como BAII, y sería: (ver cuadro 3.4.2.).

En el esquema del cuadro 3.4.2 se puede observar la política que ha seguido la empresa en cuanto a su *cash-flow*, dividendos y política de autofinanciación.

Cuadro 3.4.2

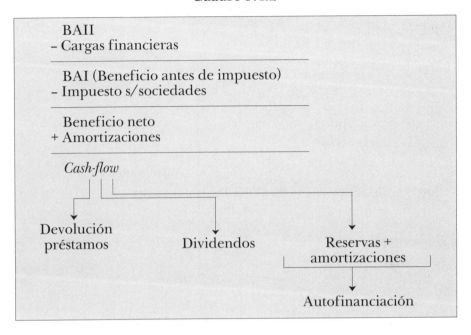

Supuesto el siguiente ejemplo:

Año	n-4	n-3	n-2	n-1	n
Ventas	1.500	1.725	1.988	2.281	2.623
Amortización	70	78	90	102	116
Beneficio neto	120	146	179	217	262
Cash-flow	190	224	269	319	378
Dividendos	42	51	63	76	92

3.4.3 *LA IMPORTANCIA DEL BAII, COMO PARÁMETRO DE BENEFICIOS*

En el punto 3.4.1 ya se hizo mención de la importancia del BAII, como medida real del beneficio, es decir, como verdadera capacidad de generar beneficios, por la actividad económica, propia de la empresa. Si observamos una cuenta de explotación cualquiera, podremos observar que del BAII, se deben deducir las cargas financieras (co-

Cuadro 3.4.2.

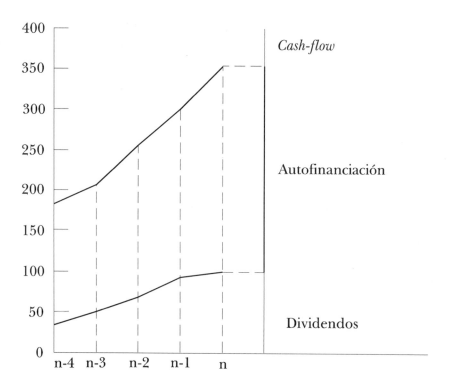

rrespondientes al coste de la utilización de la deuda a largo plazo) y, posteriormente, los impuestos por beneficios. Por consiguiente, tanto los costes financieros, como el importe de los beneficios, si bien, están directamente relacionados con la actividad económica, suelen ser consecuencia de la explotación, pero no origen de la alteración del margen real.

Para mayor comprensión plantearemos a continuación un ejemplo, de los resultados a conseguir de un proceso evolutivo, en función de la aplicación de una política financiera, basada en términos de apalancamiento de los recursos:

Cuenta de explotación en el momento 0.

Ventas	1.000
– Costes operativos	–850
BAII	150
– Cargas financieras	–150[1]
BAI	0
– Impuesto sobre sociedades (35%)	0
Beneficio neto	0

Supuesto que el coste de la deuda fuera de un 10 % anual, el montante del endeudamiento a largo plazo sería de 1.500, es decir: 150/10 × 100.

En este caso, es obvio que la capacidad de devolución de la deuda es nula, es decir, la empresa no genera la liquidez necesaria para devolver puntualmente sus compromisos de endeudamiento. En este caso, no consideramos el *cash flow*, toda vez que la amortización debe destinarse al mantenimiento del inmovilizado.

Supondremos ahora que la empresa negocia la participación de nuevos inversores, por importe de 1.000 negociando que ese importe será destinado íntegramente a amortización de la deuda:

1.º Cálculo de las nuevas cargas financieras:

Créditos anteriores	1.500
– Nueva aportación, destinada a amortizar parte de la deuda	1.000
Nuevo endeudamiento a largo plazo . .	500

Nuevos costes financieros a considerar:

Coste de la deuda: 10 % s/500 = 50

con lo que estamos en disposición de desarrollar la nueva cuenta de explotación:

---

1. Las cargas financieras sólo consideran las derivadas del endeudamiento a largo plazo.

Cuenta de explotación en el momento 1.

Ventas	1.000
– Costes operativos	–850
BAII	150
– Costes financieros nuevos	50
BAI	100
35 % impuestos s/sociedades	35
Beneficio neto	65

Conclusiones:

1.º Rentabilidad de la inversión de 1.000 = 6,5 %, es decir, $(6,5/1.000) \times 100$.

2.º La empresa empieza a generar liquidez para retornar la deuda existente. En el supuesto que se destinara todo el beneficio nuevo a amortizar la deuda existente, el nuevo saldo sería:

Saldo de deuda viva	500
– Amortización anual	65
Saldo de deuda pendiente	435

Cálculo del coste de la nueva deuda:

$$10 \% \text{ s/ } 435 = 43,50 \text{ u.m.}$$

Por último, plantearemos el 3.º escenario, correspondiente al 3.º año de la operación:

Cuenta de explotación en el momento 2.

Ahora se ha supuesto que la venta se ha incrementado un 10 %, aunque los costes se mantienen en el 85 %:

Ventas	1.100
– Costes operativos	–935
BAII	165
– Nuevos costes financieros	–43,5

BAI 121,5

– Impuestos sobre Sociedades   42,5

Beneficio neto   79

Lo cual corrobora lo visto en el escenario n.º 2:

1.º Mayor rentabilidad de la inversión.

2.º Mayor capacidad de devolución, por lo que la empresa entra de lleno en una fase, casi total de autofinanciación.

Dejamos a criterio del lector, la reflexión sobre el destino de los resultados a obtener. Así como aquí se ha desarrollado el supuesto de destinar los nuevos beneficios a amortización de deuda, ¿qué podría ocurrir en el caso de mantener el endeudamiento, renegociando su devolución y, destinar la inversión a la reducción de costes operativos? En una palabra, aprovechar el factor de apalancamiento operativo.

3.4.4 ¿CUÁL ELEGIR?

Después de la exposición sobre los parámetros que se han de elegir para el cálculo, resumiremos las características de ellos en el siguiente cuadro:

BAII	Cash-flow
– No tiene en cuenta el impuesto sobre beneficios.	– Contempla el efecto de los impuestos.
– No tiene en cuenta el flujo de amortizaciones.	– Tiene en cuenta las cargas financieras.
– No contempla las cargas financieras.	– Asume el flujo por amortizaciones.

Partiendo del BAII, y considerando que las cargas financieras por los fondos empleados a largo plazo no deben alterar los flujos operativos, sí se contemplará en cambio la incidencia del impuesto sobre beneficios.

A este flujo le denominamos: Recursos generados netos.

3.4.5 RECURSOS GENERADOS NETOS

Supongamos la siguiente cuenta de explotación analítica:

> Ventas
> − Costes operativos
> − Amortizaciones
> _____
>
> = BAII
> − Cargas financieras
> _____
>
> = BAI
> − Impuestos s/beneficios
> _____
>
> = Beneficio neto

Los recursos generados netos (RGN) serían:

(3.4.4)

> BAII
> − Impuestos/beneficios (tipo impositivo s/BAII)
> + Amortizaciones
> _____
>
> = RGN

Veamos otra forma de representarlo: (3.4.4.1)

BAII
+ Amortizaciones
_____

= Recursos generados brutos
− Impuestos sobre sociedades (Beneficios)
_____

= Recursos generados seminetos
+ Incidencia del impuesto sobre amortizaciones
_____

= RGN

Para entender mejor su aplicación y bondad, veamos un ejemplo cuantificado:

Ventas	1.000
– Gastos operativos	800
– Amortizaciones	100
BAII	100
– Cargas financieras	30
BAI	70
– Impuesto s/beneficios	25
BDI (Beneficio neto)	45

El valor de los RGN sería:

$$(3.4.4.1)$$

BAII	100
+ Amortizaciones	100
= Total recursos generados Brutos	200
– Impuestos s/beneficios (35 %)	70
Recursos generados semi-netos	130
+ Ahorro fiscal por deducción s/Amortizaciones (35 % s/100 u.m.)	35
Total RGN	165

que aplicando de otra forma:

(3.4.4)

BAII 100
– 35 % Impuesto s/sociedades 35

B.D.I.   65
+ Amortizaciones 100

RGN 165

Con el mismo ejemplo aplicado, el lector puede comprobar que:

$$Cash\text{-}flow = 45 + 100 = 145$$
$$BAII \quad = 100$$

Concretando, el parámetro RGN parece el más lógico, pues tiene en cuenta la incidencia fiscal y las amortizaciones, que, en el caso del BAII, no se vinculan. En cuanto al *cash-flow*, término muy utilizado también, tiene en cuenta las cargas financieras, considerando que ellas forman parte de su normal funcionamiento.

Las cargas financieras fruto del exigible a largo plazo son, en ocasiones, necesarias e incluso rentables a la empresa *(leverage)*. Pero en este caso no se deben considerar por tratarse del cálculo de los recursos generados netos, que son los que en realidad calibrarán la capacidad del negocio de que se trate. Precisamente, una parte de estos recursos deberá ir a retribuir la estructura financiera que se deba diseñar.

3.5 El *goodwill*. Tipos de *goodwill*

Existe un pleno acuerdo entre los expertos en materia de valoración de empresa sobre la existencia de un valor conocido como *goodwill* (terminología anglosajona), también denominado fondo de comercio.

Su definición se fundamenta en que una empresa en funcionamiento posee un valor sustancial (ver punto 3.1.3), pero sus características de continuidad también le otorgan poder obtener una plusvalía fruto, precisamente, de su dinámica.

Supongamos un inversor que tuviera la oportunidad de adquirir una empresa preparada para funcionar en cuanto a infraestructura técnica pero sin la estructura humana, comercial, administrativa, etc. Siguiendo con el supuesto, el valor real de los bienes ascenderían por ejemplo a 100 u.m.

Otra empresa similar, con igual infraestructura que la anterior, pero en pleno funcionamiento, con una red comercial, un producto introducido, una estructura humana comercial, productiva, etc. El valor sustancial de esta segunda opción también es de 100 u.m. Es evidente que el vendedor contemplaría, además de este valor, un potencial de rendimiento, pues la empresa en funcionamiento ya está originando unas posibilidades de beneficio que la primera aún no ha producido y previsiblemente tardará un tiempo en lograr.

A diferencia entre el valor sustancial y el valor de rendimiento (véase punto 3.3) se le denominará *goodwill*.

Por este motivo, el vendedor puede exigir, además del resultado obtenido por la aplicación de un sistema basado en un valor matemático, un valor añadido. También el comprador sabe que deberá pagar por ello.

Se debe hacer mención al hecho de que el valor del rendimiento sea negativo, en cuyo caso el *goodwill* también lo es. Así cuando el valor de rendimiento es inferior al valor sustancial, éste queda mermado según la parte negativa de aquél. A este valor o minusvalía se le denomina *badwill*.

Dado que el *goodwill* contempla una serie de ventajas en función de una escala de valores y circunstancias que concurren en la empresa que se va a transmitir, se pueden desglosar de los valores realizando un estudio pormenorizado de cada uno de ellos. Así los principales componentes son:

PUBLIC GOODWILL.– Hace referencia a la reputación de la empresa en un contexto global.

COMERCIAL GOODWILL.– Se refiere a la actitud de los clientes en cuanto a la calidad, servicio, distribución, comunicaciones, innovaciones, etc.

INDUSTRIAL GOODWILL.– En este apartado se contempla todo lo relacionado a la estructura industrial. Distribución, instalaciones, relaciones humanas, tecnología, automatización, etc.

FINANCIAL GOODWILL.– Actitud frente a terceros en relaciones de financiación: proveedores, bancos, instituciones financieras en general, inversores, Bolsa, etc.

y por último:

POLITICAL GOODWILL.– Reputación en cuanto a organismos públicos y administrativos (demandas, requerimientos, denuncias, etc.)

Para el estudio y valoración de estos conceptos, remitimos al lector a los apartados y cuadros 2.3, 2.3.2. y 2.3.3, los cuales le resultarán de suma utilidad para su comprensión y aplicación.

Cuando hay factores negativos sustituiremos el concepto de *good-will* por el de *badwill.* En ocasiones pueden darse algunos de un signo y otros del signo contrario, por lo que la valoración deberá considerarse en su resultado global.

Gráficamente, representaremos el *goodwill* en el cuadro 3.5. Para su interpretación, el lector recordará el concepto de valor sustancial, y la diferencia entre éste y el valor de rendimiento representará el valor del *goodwill.*

Cuadro 3.5

Activos ajenos a la explotación	
Activo real neto (VS)	Capacidad real de rendimiento (VR)
Goodwill	

3.5.1. *MÉTODOS BASADOS EN EL CÁLCULO DEL* GOODWILL *Y DEL VALOR GLOBAL*

Entrando más a fondo en el concepto de *goodwill* podemos añadir que representa el exceso que experimentaría un activo real considerado sobre una tasa de rentabilidad o remuneración normal.

Veamos un ejemplo:

Supongamos que el valor sustancial de una empresa es de 10.000.000 u.m. y que el rendimiento normal a considerar, se sitúa sobre una tasa del 10 % anual. El resultado, pues, en estas condiciones sería de 1.000.000 u.m.

Supuesto que por la aplicación de sistemas de cálculo de futuros beneficios (valor de rendimiento) se determinará que los rendimientos futuros se pueden situar en 1.200.000 u.m., la diferencia entre el rendimiento normal considerado y el real previsto es otra forma de evaluar el *goodwill*, que no sustituye al estudiado antes, sino que lo enriquece y amplía. Este concepto también se conoce en la práctica como superrendimiento o superbeneficio. (Véase ampliación en el punto 3.5.6.).

Cuando ambos valores coinciden, el *goodwill* se considera nulo o inexistente. Cuando el *goodwill* es negativo, significa que el rendimiento que se obtiene es inferior al considerado como normal.

Para el cálculo del *goodwill* también se utilizan dos métodos (considerados como tradicionales) que detallamos a continuación:

3.5.2 *MÉTODO INDIRECTO*

Conocido también por método alemán o de los prácticos. Es muy reconocido en la práctica habitual de valoración de empresas. Conjuga el valor sustancial de la misma (véase apartado 3.1.3) con el valor de rendimiento que se vio en el apartado 3.3.

Una vez conocidos los dos valores, tal como allí quedó expuesto, este método propone que el valor global de la empresa es igual a la media aritmética del valor de rendimiento más el valor sustancial, o sea:

$$VG = \frac{VR + VS}{2}$$

donde:
VG = Valor global
VS = Valor sustancial
VR = Valor de rendimiento

Este sistema establece esta media como reajuste de los valores, en consideración del riesgo que supone, sobre todo en el cálculo del valor de rendimiento.

Este método parece favorecer en principio al comprador, pues en caso de estar valorado el VR con cierto rigor y puntualidad, reparte el valor del *goodwill* en partes iguales a cada partícipe.

Apliquemos el siguiente ejemplo:

Supóngase una empresa con los siguientes datos.

(3.5.2.1)

> VS (Valor sustancial)   : 100.000.000 u.m.
> Resultados provisionales : 12.000.000 u.m.
> Tasa de actualización   : 10 %

Hallaremos el VR aplicando: (ver 3.3.3.1)

$$\frac{12.000.000 \text{ u.m. futuros}}{0,10} = 120.000.000 \text{ u.m.}$$

$\downarrow$

Tasa del 10%

luego, el valor global será:

$$VG = \frac{100.000.000 + 120.000.000}{2} = 110.000.000 \text{ u.m.}$$

El *goodwill* lo obtendremos considerando la relación que vimos; en base a desarrollar:

$$VG = VS + W$$

siendo:
VG = Valor global
VS = Valor sustancial
W = *Goodwill*

(3.5.2.2)

y, despejando W

$$\boxed{W = VG - VS}$$

por lo que, en el caso aplicado (3.5.2.1), el *goodwill* será:

W = 110.000.000 – 100.000.000 = 10.000.000 u.m.

y los resultados así obtenidos son:

> Valor global empresa : 110.000.000 u.m.
> *Goodwill*   : 10.000.000 u.m.

3.5.3 *MÉTODO DIRECTO*

Conocido también como anglosajón. Difiere del anterior en que no tiene en consideración el valor de rendimiento (VR).

Parte del planteamiento que, conocido el valor sustancial (VS), se le aplica una tasa de rentabilidad determinada, la cual indicará el rendimiento nominal y el que realmente genera la empresa en su actividad es lo que en este método constituye el *Goodwill.* (Véase 3.5.1).

Apliquemos un ejemplo:

El valor sustancial de una empresa asciende a 100.000.000 u.m. La tasa de rentabilidad que se considera como normal es de un 10 %. La tasa de rentabilidad que realmente obtiene la empresa es del 18 %, siendo los beneficios estimados, a un horizonte temporal perpetuo, de 12.000.000 u.m.

El cálculo del *Goodwill,* con el método que estudiamos, vendría dado por la fórmula:

$$W = \frac{B - iVS}{K}$$

donde:
W = *Goodwill.*
B = Beneficios estimados.
i = Tasa de rentabilidad que se ha de aplicar.
K = Tasa de rentabilidad real de la empresa.
VS= Valor sustancial.

donde, aplicando valores, obtendremos:

$$W = \frac{12.000.000 - [100.000.000 \times 0,10]}{0,18} = 11.111.111 \text{ u.m.}$$

si ya hemos definido anteriormente que,

(3.5.2.2)

$$VG = VS + W$$

Aplicando los valores, ahora, sobre dicha fórmula:

$$VG = 100.000.000 + 11.111.111 = 111.111.111 \text{ u.m.}$$

Llegando a través de este método a obtener el *goodwill* y el valor global de la empresa.

3.5.4 *RELACIÓN ENTRE LOS DOS MÉTODOS*

Como es notorio, el método directo se sustenta en los valores «i» y «K» a aplicar, siendo muy habitual en la práctica normal del sistema considerar el valor K como = 2i, en cuyo caso observaremos a continuación que la aplicación de los dos métodos coincide en su resultado.

Retomando la fórmula aplicable al método directo:

(3.5.4)

$$W = \frac{B - iVS}{K}$$

Recordemos ahora el cálculo del VR (valor de rendimiento) cuando los beneficios se consideran constantes a un horizonte indeterminado:

(Véase 3.3.3)

$$VR = \frac{B}{i}$$

y que el valor del *goodwill* por el método indirecto se obtiene:

(Véase 3.5.2)

$$W = \frac{VR - VS}{2}$$

Si ahora sustituimos en la fórmula:

$$VR = \frac{B}{i}$$

(3.5.4)

$$W = \frac{\frac{B}{i} - VS}{2i}$$

donde multiplicando por i todos los factores:

$$W = \frac{B - iVS}{2i}$$

considerando 2i = K, las fórmulas de aplicación coinciden plenamente en ambos casos.

3.5.5 COMENTARIO ENTRE LOS SISTEMAS ESTUDIADOS

En el capítulo anterior se vio que cuando la relación entre las tasas que se ha de aplicar sea de 2i = K (que la tasa nominal por aplicar sea doble de la tasa real), será indiferente el sistema que se aplique, ya que el resultado es el mismo. No obstante, también deberemos analizar cada aplicación según la relación existente entre los valores de i y de K.

Se puede establecer que:

Cuando 2i = K   Los métodos de aplicación conducen al mismo resultado.

Cuando K > 2i   El método directo es más aconsejable, toda vez que tiende a disminuir el riesgo.

y

Cuando K < 2i   Es preferible la adopción del método indirecto por tratarse de valores más conservadores.

En ciertos casos, la fórmula correspondiente al método directo se aplica igual al que hemos planteado, pero sustituyendo el valor de VS por el de VG (valor global). Este planteamiento suele ser empleado más asiduamente por la parte compradora, por considerar que su inversión depende más del valor global que del sustancial.

Para ello es suficiente sustituir en la fórmula del método directo los correspondientes valores, con lo que la fórmula en este caso se representaría:

$$VG_1 = VS + \frac{B - iVG}{K}$$

y

$$W = \frac{B - iVS}{K}$$

siendo los valores que se han de aplicar, los ya conocidos como:

W   = *Goodwill.*
B   = Beneficio esperado.
i   = Tasa nominal de aplicación.
K   = Tasa real de rentabilidad.
VG = Valor global.
VS = Valor sustancial.
VG_1 = Valor global en aplicación del VG inicial.

Estos dos métodos son los más empleados en la valoración de empresas.

3.5.6 *EL* GOODWILL *CONSIDERADO COMO SUPERRENDIMIENTO*

Tal como adelantamos en el punto 3.5.1, se denomina superrendimiento (conocido también como super-beneficio) a la capacidad de la empresa de conseguir una tasa de rentabilidad superior que la considerada como normal o media en el mercado de valores o sector, teniendo en cuenta el factor riesgo al que nos hemos referido anteriormente.

Supongamos un ejemplo:

Una empresa cuyos recursos propios son de 400 millones de u.m. y el beneficio ha sido de 64 millones de u.m., ha obtenido una rentabilidad de:

$$100 \times \frac{Beneficio \text{ obtenido}}{\text{Inversión financiera}} = \frac{64 \text{ mill. u.m.}}{400 \text{ mill. u.m.}} = 16\%$$

Si en ese mismo momento se considera que el rendimiento de mercado más la tasa de riesgo es del 12 %, se puede establecer que el superrendimiento en este caso es de un excedente del 4 %, o dicho de otra forma:

Rendimiento obtenido : 16 % s/400 mill. = 64 mill. u.m.
Rendimiento conside-
    rado normal : 12 % s/400 mill. = 48 mill. u.m.

Superrendimiento obtenido   16 mill. u.m.

A fin de analizar el comportamiento general de este concepto y la incidencia que tendrá sobre el valor de *goodwill*, veamos la siguiente tabla:

Tabla de equivalencia según comportamiento de las tasas

Cuando	Produce	Efecto sobre el *goodwill*
TPC > TNM	Supercapitalización	Positivo
TCP = TNM	Capitalización normal	Nulo
TCP < TNM	Subcapitalización	Negativo
TC = 0	Capitalización nula	–
TCN	Descapitalización	–

Siendo:

TC   = Tasa de crecimiento.
TCP = Tasa de crecimiento positiva.
TCN = Tasa de crecimiento negativa.
TNM = Tasa normal media considerada.

Este efecto sobre el *goodwill* también se vio en el punto 3.3.3 aplicado al crecimiento y actualización.

3.6 Análisis del rendimiento de los recursos propios y del capital social

El objetivo de la empresa consiste, básicamente, en optimizar el beneficio para la mayor retribución del accionista, así como incrementar el valor de la misma.

El accionista es, en definitiva, el acreedor de los recursos propios de la empresa. En primera instancia es el acreedor del capital social que en su día aportó, y además es el acreedor de las reservas que, sucesivamente, se han ido constituyendo y que son la detracción de los beneficios logrados en su momento.

Por ello, el accionista obtiene generalmente una forma combinada de retribución, que viene constituida por:

- *Dividendos.* Parte de los beneficios que recibe de forma inmediata con la constitución de los mismos.
- *Plusvalía patrimonial.* Incremento de su aportación por la inclusión de la misma en las reservas. Esta plusvalía se realizará si vende sus acciones al precio alcanzado en su valor contable, o bien, cada vez que se proceda a un dividendo con cargo a reservas.

Por esta razón la política de autofinanciación estará siempre condicionada a la política de dividendos.

Por último, indicar que la política de dividendos estará condicionada por la idiosincrasia del inversor que aporta su capital a la empresa. No tendrá las mismas motivaciones un inversor puro, cuyo objetivo es percibir los dividendos más altos posibles para rentabilizar su inversión al máximo, que un inversor partícipe de la gestión, cuyo único objetivo sea el crecimiento de la empresa y el poder de control de la misma, por ejemplo en una empresa de carácter familiar.

3.6.1 *VALOR CONTABLE DE LA ACCIÓN*

El valor contable de una acción vendrá dado por la diferencia que existe en el balance entre el activo real y el pasivo total exigible (ver 3.1.1). Esta diferencia o valor patrimonial neto, se dividirá por el número de acciones, obteniendo así el valor de cada acción:

$$\text{Valor contable de la acción} = \frac{\overset{\text{(*) Activo real - Deudas totales}}{\text{(Valor patrimonial)}}}{\text{N.}^{\circ}\text{ de acciones emitidas}}$$

(*) (Activo total – Activo ficticio, si lo hubiera)

Si aplicamos un simple ejemplo:

Cuadro 3.6.1

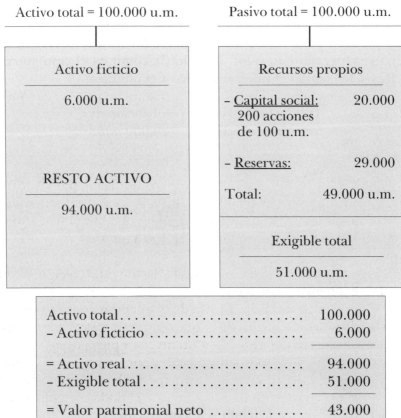

Activo total = 100.000 u.m.   Pasivo total = 100.000 u.m.

Activo ficticio	Recursos propios
6.000 u.m.	– Capital social: 20.000 200 acciones de 100 u.m.
	– Reservas: 29.000
RESTO ACTIVO	Total: 49.000 u.m.
94.000 u.m.	Exigible total
	51.000 u.m.

Activo total.	100.000
– Activo ficticio	6.000
= Activo real	94.000
– Exigible total	51.000
= Valor patrimonial neto	43.000

$$\frac{\text{Valor patrimonial neto}}{\text{Número de acciones}} = \frac{43.000}{200} = 215 \text{ u.m. por acción}$$

valor atribuido contablemente a las acciones, en función de los datos del supuesto.

3.6.2 *VALOR INTRÍNSECO DE LA ACCIÓN*

Se le denomina valor intrínseco de la acción al obtenido a través del mismo cálculo del valor real (visto en el capítulo anterior), pero habiendo procedido previamente a la actualización de los activos fijos.

Generalmente, los valores que figuran en el activo inmovilizado han sido contabilizados por sus valores históricos. El paso del tiempo ha perjudicado a algunos de ellos (política de amortizaciones, depreciaciones, etc.), pero también, y sobre todo, en capítulos como terrenos, edificios, instalaciones, etc., es mucho mayor el índice de actualización, por lo que la empresa debe proceder al cálculo de su valor actualizado.

Una vez logrado este valor, se procede como en el caso anterior, (3.6.1), y será cuando el valor intrínseco ascendería a:

(Variación del cuadro en función de
actualizar el activo en + 20.000 u.m.)

Activo ficticio		Recursos propios	
6.000		Capital social 200 acciones de 100 u.m.	20.000
		Reservas	49.000
Resto activo		Total:	69.000
114.000			
		Exigible total	
			51.000
Total activo:	120.000	**Total pasivo:**	120.000

Aplicando los valores de este nuevo balance actualizado:

$$\text{Valor intrínseco de la acción} = \frac{\text{Activo real - Deudas totales (Valor patrimonial actualizado)}}{\text{N.}^{\circ}\text{ de acciones}}$$

y que aplicando:

$$\frac{\text{Valor intrínseco}}{\text{de la acción}} = \frac{114.000\ \text{u.m.} - 51.000\ \text{u.m.}}{200\ \text{acciones}} = 315\ \text{u.m. por acción}$$

3.6.3 *VALOR BURSÁTIL DE LA ACCIÓN*

El valor bursátil de una acción es el precio que ésta alcanza en el mercado de valores. Este valor sólo lo ostentan, obviamente, las empresas que cotizan en Bolsa.

El valor de la empresa será igual al valor de mercado de la acción, multiplicado por el número de acciones.

Veamos tres aspectos que se han de tener en cuenta cuando se comparan valores de la acción desde un punto de vista intrínseco o bursátil. Retomemos el ejemplo anterior, donde el valor intrínseco de la acción se situaba a 315 u.m. la acción.

1.º) Que la acción se esté cotizando en Bolsa a 315 u.m. En estas circunstancias, el valor que el mercado atribuye a la acción es el mismo que el valor intrínseco, es decir, el mercado valora la empresa por su valor contable.

2.º) Que la acción esté cotizando a un precio inferior al intrínseco. Ahora, el valor atribuido por el mercado es inferior al conferido por los valores de la propia empresa.

3.º) Que el valor de cotización de la acción sea superior a las mencionadas 315 u.m. En este caso, el valor bursátil de la empresa es superior al valor intrínseco de la misma, lo que representa un mayor goodwill.

3.6.4 *RELACIÓN ENTRE EL VALOR DE COTIZACIÓN DE LA ACCIÓN*
       Y EL BENEFICIO

Otro aspecto resaltable es la relación que se produce entre el beneficio asignado por acción y su relación con el valor de cotización.

Esta relación se mide a través del ratio denominado PER *(price earning ratio)*, que representa el número de veces que el precio de la acción contiene el beneficio, y se expresa:

$$PER = \frac{\text{Cotización acción}}{\text{Beneficio acción}}$$

Supongamos un ejemplo:

Una acción que cotice a un precio de 3.620 u.m. y cuyo beneficio asignado sea de 517 u.m., el PER se obtiene aplicando:

$$PER = \frac{3.620}{517} = 7$$

o sea, el valor de la acción contiene 7 veces el beneficio de la misma.

El PER es importante en la medida que el inversor conoce a través del mismo, si es atractiva o no su adquisición, pues su rentabilidad, vendrá precisamente dada por el ratio:

$$\frac{\text{Beneficio}}{\text{sobre inversión}} = \frac{\text{Beneficio por acción}}{\text{Precio cotización acción}} \times 100$$

aplicando los valores del ejemplo anterior sería:

$$\frac{\text{Beneficio sobre}}{\text{inversión}} = \frac{517}{3.620} \times 100 = 14{,}28 \ \%$$

con lo que en principio, cuanto mayor sea el PER, menos atractivo resultará para el inversor, pues indicará que, o bien el beneficio asignado es escaso en relación a la inversión, o bien el coste de la acción cotizada es muy alto en relación al beneficio asignado.

No obstante, este valor sólo tendrá una significación orientativa, toda vez que la fluctuación del mercado de capitales, y por ende su cotización, puede hacer muy variable estipular un valor. En todo caso este concepto formará parte de una batería de información.

3.6.5 *VALOR DE LA ACCIÓN EN APLICACIÓN DE VALORES FUTUROS*

Al igual que nos referimos al valor de la empresa en función de valores de futuro, el valor de la acción se plantea como aquel que pueda alcanzar en el futuro a través de sus trayectorias o valores previsionales. El valor de la acción calculado en resultados de futuro vendrá dado por la capacidad de generar dividendos, o sea: por los dividendos esperados en el futuro, debidamente actualizados.

Su cálculo se puede realizar a través del siguiente proceso:
Si llamamos:

Vaa = Valor actualizado de la acción.
Dit = Dividendo esperado al final del período t.
k   = Tasa de actualización.

y, si aplicamos los valores a la fórmula:

$$(3.6.5)$$

$$Vaa = \sum_{t=1}^{n} \frac{Dit}{(1+k)^{t}}$$

se obtendrá el valor actualizado de la acción.

Si además se piensa vender la acción al final del período t, se deberá añadir a la fórmula descrita, el importe actualizado del valor esperado de venta de la misma. Para el nuevo cálculo de Vaa, denominando:

Pft = Precio final o de venta de la acción al final del período t.

Aplicaremos a la fórmula (3.6.5) y tendremos:

(3.6.5.1)

$$Vaa = \sum_{t=1}^{n} \frac{Dit}{(1+k)^t} + \frac{Pft}{(1+k)^n}$$

Aplicaremos un ejemplo:

Calcular el valor actualizado de una acción cuyos dividendos esperados para los próximos cinco años son:

Año 1 . . . . 445 u.m.
Año 2 . . . . 517 u.m.
Año 3 . . . . 600 u.m.
Año 4 . . . . 696 u.m.
Año 5 . . . . 814 u.m.

el valor estimado de la acción al final de dicho período (el año 5) es de 3.800 u.m.

La tasa de actualización que se debe aplicar es del 10 %.

Aplicando la fórmula (3.6.5.1)

$$\text{Valor actualizado de la acción} = \frac{445}{(1,10)} + \frac{517}{(1,10)^2} + \frac{600}{(1,10)^3} + \frac{696}{(1,10)^4}$$

$$= \frac{814}{(1,10)^5} + \frac{3.800}{(1,10)^5} = 4.619 \text{ u.m.}$$

De cumplirse las previsiones, el valor de la acción, actualizado, será de 4.619 u.m.

Este valor, con todas las reservas, puede resultar de gran utilidad, sobre todo en cuanto a la necesidad previa de obtener datos de las posibilidades de la empresa en un futuro.

Para la aplicación de este criterio, merece destacar las siguientes consideraciones:

1.º Que el propietario de la acción no tenga intención de venderla, o sea, que pretenda poseerla a perpetuidad. En este caso, el cálculo del valor actual, vendrá dado por la fórmula:

$$Vaa = \sum_{t=1}^{\infty} \frac{Dit}{(1+k)^{t}}$$

2.º El valor esperado de futuro del beneficio de la acción fuera constante, aplicaríamos:

$$Vaa = \frac{Di}{k}$$

correspondería al valor de una renta perpetua.

Ejemplo:

La esperanza de beneficio/acción es de 560 u.m. acción, y la tasa de actualización es del 12 %, calcular el valor de la acción:

$$Vaa = \frac{500 \text{ u.m. benef. acción}}{0,12} = 4.666 \text{ u.m. acción}$$

3.6.6 *CONSIDERACIONES SOBRE LA VALORACIÓN DE LA EMPRESA BASÁNDOSE EN LA CAPITALIZACIÓN BURSÁTIL*

A pesar de las imperfecciones que representa la consideración de la capitalización bursátil, hay una serie de factores que se deben destacar por razones objetivas.

El valor en base a la capitalización bursátil obedece al comportamiento de la Bolsa, y es fruto del conocimiento que de ella tengan muchas personas o entidades, que son las que, en definitiva, harán oscilar con su demanda u oferta de valores, el propio valor bursátil.

El vendedor difícilmente estará dispuesto a vender por un precio inferior al de mercado.

Por estas dos razones, las diferencias en la negociación o valoración conjunta serán mínimas, de no existir otras razones que aconsejen contemplar otros factores como:

- Razones de orden estratégico. La compra o la venta ha de ser inminente, al margen de la valoración o en orden a condicionantes puramente económico.
- En el caso de empresas en dificultades, el mercado y, consecuen-

temente, la cotización, evidenciará con mayor énfasis las partes negativas, corrigiendo en mayor o menor medida la realidad.

Para concluir, conviene destacar que lo que realmente interesa al accionista son las variaciones que se puedan producir en el valor de cotización del mercado de valores.

3.6.7 *MEDIDA DE LA VALORACIÓN BURSÁTIL*

A fin de hacer más comprensible al lector la interpretación y relación entre el valor contable y el valor bursátil, transcribiremos un breve estudio realizado por E. Santandreu, coautor de este libro.

El mismo hace referencia a la comparación entre los recursos propios y, el capital bursátil de determinadas compañías. En primer lugar, se procedió a la clasificación de las cinco primeras empresas agrupadas, según los siguientes criterios:

– Cuadro 3.6. Las cinco primeras empresas con mayor valor bursátil.
– Cuadro 3.7. Las cinco primeras empresas con menor valor bursátil.
– Cuadro 3.8. Las seis primeras empresas con recursos propios más importantes.

y que se pasan a detallar:

Cuadro 3.6. Relación de las cinco primeras empresas
con mayor valor del ratio

Empresa	(A) Recursos propios	(B) Capitalización bursátil	Ratio A/B
Zardoya	13.152	91.795	7
Amper	1.732	11.010	6,4
Mapfre	14.676	86.080	5,9
Ence	11.633	51.245	4,4
Continente	59.379	241.920	4,1

En la columna (A) figuran los recursos propios, en la (B) aparece la capitalización bursátil en la fecha indicada y, por último el ratio A/B, pone de manifiesto la relación entre ambas magnitudes.

Lo más destacable es la interpretación del ratio. En el cuadro 3.6 esta interpretación corresponde al valor que el mercado, en este caso el mercado bursátil otorga a la empresa. El ratio representado por la relación A/B, corresponde a la valoración del fondo de comercio o *goodwill* que, el mercado atribuye a la empresa.

Por ejemplo, en el primer caso, el mercado atribuía a la empresa un valor del 700 %, o sea, siete veces más que el valor contable.

Cuadro 3.7. Relación de las cinco primeras empresas
con menor valor del ratio.

Empresa	(A) Recursos propios	(B) Capitalización bursátil	Ratio A/B
Asland	107.595	68.197	0,6
Unión Fenosa	303.972	138.977	0,5
Fecsa	276.623	130.162	0,5
Puleva	7.460	3.311	0,4
Nueva Montaña	21.710	6.835	0,3

En estos casos, el mercado bursátil atribuía un valor global de la empresa, equivalente a un 60 % en el primer caso sobre el valor contable.

En el cuadro 3.8 el ratio A/B no guarda orden de *ranking*, toda vez que el orden viene dado por la primera columna, con indepedencia de las otras dos. Así, por ejemplo, el valor contable de Telefónica, coincidía prácticamente con el valor bursátil, por lo que, de hecho, en este caso, los mercados, no concedían prácticamente valor en concepto de fondo de comercio, es decir, el valor contable era casi igual al valor bursátil.

Cuadro 3.8. Relación de las cinco empresas con recursos propios más importantes.

Empresa	(A) Recursos propios	(B) Capitalización bursátil	Ratio A/B
Telefónica	1.437.055	1.507.851	1,05
Iberdrola	951.054	687.636	0,7
Endesa	776.511	1.404.030	1,8
Repsol	588.606	1.077.000	1,8
Santander	490.468	709.935	1,4

Obviamente, si se procediera a realizar este mismo estudio, aplicando los valores actuales, los resultados serían muy distintos en todos los casos. Esto pone en evidencia que el comportamiento de los mercados bursátiles, influyen y condicionan extraordinariamente el valor de las empresas.

3.6.8 *Efecto de la valoración de empresas sobre la base del valor PER*

El efecto que a continuación se desarrolla afecta principalmente en los casos de fusión de empresas, basados en criterios de valoración por capitalización sobre la base del PER de cada una de las sociedades que participan en la fusión.

Cuando el PER sea el mismo, los accionistas no verán alterados los rendimientos de sus acciones, con lo que no hay efecto que estudiar.

Cuando los PER sean diferentes, se producirán los siguientes efectos:

- La compañía con PER más alto incrementará su beneficio por acción, mientras que disminuirá el de la que tuviera el PER más bajo.
- Se producirá un efecto de relatividad en función del tamaño de cada una de las compañías afectadas. Así, el efecto que acusará la

compañía mayor será relativamente bajo, mientras que será muy alto el que observará la menor.

Por ello, una compañía de mayor tamaño estará siempre dispuesta a elevar su oferta hacia una empresa de menor tamaño.

Con el fin de comprender mejor lo expuesto, veamos el desarrollo de una aplicación:

Supóngase dos empresas, «X» e «Y», que están estudiando su fusión mediante la absorción de «X» por «Y». Sus datos bursátiles son los siguientes:

	Empresa «X»	Empresa «Y»
(a) Beneficios	100.000	300.000
(b) N.º de acciones	500	1.000
(c) B.º acción (a/b)	200	300
(d) Cotización de la acción en el mercado	2.800	2.800
(e) Valor de capitalización bursátil (b x d)	1.400.000	2.800.000
(f) PER (e/a)	14	9,33

Obsérvese que hay un valor en común: el valor de cotización de la acción en el mercado.

Suponiendo que:

1.º El resultado de la fusión no produzca incremento de beneficios.
2.º Que las condiciones de la fusión son que «Y» adquiera «X» mediante la entrega de una acción de «Y» contra otra de «X».

Es decir, la proporción que se producirá entre los poseedores de las acciones será de:

Empresa «X»

$$\frac{\text{Valor capitalización «X»}}{\text{Valor capitalización «X» + «Y»}} \times 100 = \frac{1.400.000}{4.200.000} = 33,3\ \%$$

Empresa «Y»

$$\frac{\text{Valor capitalización «Y»}}{\text{Valor capitalización «X» + «Y»}} \times 100 = \frac{2.800.000}{4.200.000} = 66,7\ \%$$

Total 100 %

El resultado que el beneficio por acción ha representado para accionista de las respectivas sociedades vendrá dado por los valores resultantes del siguiente cuadro:

Empresa	Acciones de «Y» después de la fusión	Beneficio por acción		
		Antes de la fusión	Después de la fusión	Variación %
Accionista de «X»	500	200	267[1]	63 %
Accionista de «Y»	1.000	300	267[1]	− 33 %
Total acciones	1.500			

$$(1)\ 1.500\ \text{acciones totales} = \frac{400.000}{1.500} = 267$$

Los beneficios por acción de los accionistas de la empresa «X» se han visto incrementados en un 33,5 %, mientras que los de la empresa «Y» se han reducido en un 11 %.

3.7 Experiencias y consejos prácticos para la valoración de las empresas

Partiendo de la base que la adquisición de una empresa es una inversión más, los criterios a aplicar, no deben de ser distintos a los que con habitualidad se utilizan en la selección de las inversiones.

Por eso, nos parece muy interesante, extraer del libro que se ha citado en la introducción, y figura en la bibliografía, las experiencias de Warren Buffett, por lo que pasamos a destacar los aspectos en los que él basaba sus criterios antes de la elección definitiva de la empresa a adquirir.

Estos principios, que el autor del libro ha venido a denominar «los dogmas de Buffett», los clasificó en agrupaciones como, por ejemplo, sobre el negocio, sobre la gestión, sobre las finanzas y sobre el mercado, planteando unas preguntas, cuyas respuestas, ponían en evidencia los principios básicos para el tratamiento de los aspectos más sobresalientes de la empresa. A modo de resumen, relacionaremos aquí, los citados dogmas:

Dogmas de negocios:
- El negocio ¿es sencillo y comprensible?
- El negocio ¿tiene un historial de funcionamiento consistente?
- El negocio ¿tiene perspectivas favorables a largo plazo?

Dogmas de gestión:
- ¿Es racional la dirección?
- ¿Es franca para los accionistas?
- ¿Se resiste al imperativo institucional?

Dogmas financieros:
- Centrarse en el rendimiento del capital, no en los dividendos por acción.
- Calcular los beneficios del accionista.
- Buscar empresas que tengan grandes márgenes de beneficios.
- Asegurarse de que la empresa ha creado por lo menos un millón, por cada millón retenido.

Dogmas de mercado:
- ¿Cuál es el valor del negocio?
- ¿Puede ser adquirido el negocio con un descuento significativo de su valor?

Sugerimos al lector la metodología propuesta, antes de tomar una decisión sobre la selección y valoración de una empresa.

4

Fusiones y adquisiciones de empresas

El mundo está inmerso en una auténtica fiebre de fusiones y adquisiciones. Sólo cabe recordar la megafusión en 1996 de los bancos japoneses *Bank of Tokyo* y el *Mitsubishi Bank*, que dio paso al *Tokyo Mitsubishi* con un volumen de depósitos de unos 110 billones de pesetas.

En la actualidad, se planea la fusión entre *Thyssen y Krupp*, los gigantes alemanes del acero, de cuya fusión surgirá Thyssen Krupp. Los datos previstos que originarán el nuevo monstruo será de 70.000 millones de marcos alemanes (5,8 billones de pesetas) de facturación, un retorno del capital del 15 % y un ahorro de 1.000 millones de marcos fruto de la citada fusión, y con una plantilla de unos 195.000 trabajadores.

Otra megafusión en puertas es la que han anunciado los dos principales laboratorios británicos, *Glaxo-Welcome* y *Smithkline Beechman*, que daría como resultado un monstruo de 26.500 millones de dólares (4 billones de pesetas), constituyendo un verdadero fenómeno político, social y económico, ya que pasaría a ser un verdadero coloso de la industria farmacéutica mundial.

Probablemente, cuando este libro aparezca, estas noticias ya estarán obsoletas. Sólo basta leer los periódicos especializados en economía para observar que casi cada día se anuncia un proceso de fusión o adquisición de empresas, que afectan a todos los países, sectores económicos y tamaños de las empresas.

Es recomendable resumir este importante fenómeno, revisando los datos que publicó *The Wall Street Journal*, correspondiente al año 1996: El montante de operaciones, tanto a nivel doméstico, es decir, entre empresas del mismo país como aquéllas implicadas entre empresas de nacionalidades distintas, ascendió a 140 billones de pesetas.

Otro estudio realizado por *KPMG Peat Marwick* indica que los países de la UE, realizaron en conjunto 2.405 adquisiciones internacionales.

Por último es destacable los datos que afectan a las empresas españolas: el número de compras y adquisiciones realizadas por empresas españolas pasó en 1995 de 49 transacciones por un total de 1944 millones de dólares, a 67 transacciones por importe de 6.200 millones de dólares en 1996.

A nivel general y, sólo a título de breve recordatorio, anotaremos las grandes fusiones bancarias de inicios de los noventa: Banco Central y Banco Hispano Americano dio origen al BCH, Banco de Bilbao y Banco Vizcaya al BBV, Caja de Pensiones y Ahorros de Cataluña y Baleares y la Caja de Barcelona a «La Caixa».

Es importante destacar que las fusiones se han dado y se darán en todos los sectores de la actividad económica. Esta aseveración se fundamenta en las más recientes, que pasamos a detallar:

- Año 1995 Entrecanales y Cubiertas, resultando de esa fusión Accionan el sector de la Construcción, con una facturación de 335.000 millones de ptas. y una plantilla de 11.312 personas en el momento de la fusión, siendo en la actualidad el tercer grupo español.

- Año 1996 Sandoz y Ciba en el sector químico, siendo la empresa resultante Novartis, con una plantilla de 1.800 empleados y 93.000 millones de pesetas en el momento de la fusión.

- Año 1997 Laboratorios Almirall y Prodesfarma, se fusionan originando APFarma del sector farmacéutico con una facturación de 53.000 millones de pesetas y 1.800 empleados. En la actualidad es el primer grupo farmacéutico español.

- Año 1997 Adia y Ecco se fusionaron con un total de 1.050 empleados y una facturación conjunta de 46.000 millones de pesetas, perteneciendo ambas al sector de trabajo temporal.

- Año 1997 Ebro y Azucarera del sector de la Alimentación y con un total de 3.100 empleados y unos 200.000 millones de ventas originan una fusión.

De las características de las fusiones y adquisiciones, de sus efectos, clasificación, etc. pasamos a continuación a su análisis y estudio.

4.1 Formas tradicionales de adquirir empresas

Para adquirir una empresa, otra empresa o inversor, puede utilizar distintos procedimientos legales: a) fusiones, b) compras de activos y c) compras de acciones.

Por fusión se entiene la absorción de una empresa por otra. En este caso, la empresa compradora, es decir la absorbente adquiere todo los activos y pasivos de la empresa absorbida.

De esta forma, después del proceso de fusión, la empresa adquirida deja de existir como tal.

En cambio, se entiende como una fusión de consolidación, el mismo proceso, salvo que las empresas implicadas en el proceso se disuelven como tal, es decir concluyen su actividad, originando la afloración de una nueva que es la fusionada.

De hecho, las normas de ambas modalidades son prácticamente iguales, ya que en los dos casos, las nuevas empresas resultan de la combinación de los activos y pasivos de las empresas que intervienen en el proceso.

Al efecto pasaremos a estudiar en detalle las peculiaridades de dichos procesos.

4.1.1 *CLASES DE FUSIONES*

Según el objetivo que persiga y atendiendo a su finalidad, las fusiones se suelen clasificar en:

– Fusiones de integración vertical.
– Fusiones de integración horizontal.
– Fusiones convergentes o concéntricas.
– Fusiones para diversificación.

A continuación pasemos a detallar cada una de ellas, de acuerdo con sus características.

4.1.1.1 *Fusiones de integración vertical*

Este tipo de fusiones se basa en la unión con uno de los extremos de la empresa. Por un lado, con la fusión de la fuente de materias pri-

Cuadro 4.1.1

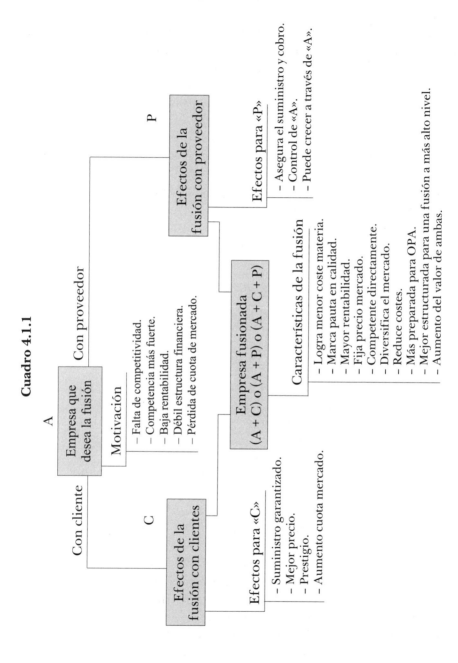

A

**Empresa que
desea la fusión**

Con cliente — Con proveedor

C — P

**Efectos de la
fusión con clientes** — **Efectos de la
fusión con proveedor**

Motivación
– Falta de competitividad.
– Competencia más fuerte.
– Baja rentabilidad.
– Débil estructura financiera.
– Pérdida de cuota de mercado.

**Empresa fusionada
(A + C) o (A + P) o (A + C + P)**

Efectos para «C»
– Suministro garantizado.
– Mejor precio.
– Prestigio.
– Aumento cuota mercado.

Características de la fusión
– Logra menor coste materia.
– Marca pauta en calidad.
– Mayor rentabilidad.
– Fija precio mercado.
– Competente directamente.
– Diversifica el mercado.
– Reduce costes.
– Más preparada para OPA.
– Mejor estructurada para una fusión a más alto nivel.
– Aumento del valor de ambas.

Efectos para «P»
– Asegura el suministro y cobro.
– Control de «A».
– Puede crecer a través de «A».

mas, es decir, el proveedor, y por otro, con el destinatario o consumidor, es decir, el cliente.

Cada una de ellas tiene planteamientos distintos, pero no cabe duda que el resultado tiene un común denominador: lograr mayor potencialidad de la empresa, mayor competitividad y, lo que es fundamental, asegurar la existencia y rentabilidad de las empresas fusionadas.

En el cuadro 4.1.1 se pueden observar los efectos de fusión que provoca cada una de las situaciones cuando se efectúa a través de los proveedores o cuando se hace mediante unión con un cliente; también, naturalmente, se puede observar el efecto de una fusión trilateral.

Este tipo de fusiones tienen un alto grado de aplicación, pues es una de las formas más determinantes para tener cierta fuerza ante una competencia más estructurada, lograr un nivel de competitividad, alcanzar una cota óptima de rentabilidad y poder preparar unas estrategias que difícilmente se conseguirían en solitario.

4.1.1.2 *Fusiones de integración horizontal*

Este tipo de fusiones contempla la unión de empresas del mismo sector o actividad económica.

Naturalmente, su finalidad consiste en adquirir un mayor efecto de sinergia (véase concepto en el punto 4.3.1), mayores logros comerciales y técnicos, mayor cuota de mercado, etc. La reacción del mercado ante la fusión de dos empresas hasta ese instante competidoras y en momentos ferozmente enemigas es siempre de admiración y cautela, luego es lógico pensar que esa reacción repercutirá muy favorablemente a la fusión.

En este caso, lo más destacable quizá sean los problemas de orden interno (plantilla necesaria, cargos que se han de eliminar por duplicidad, cargos en el consejo, dirección, etc.), y es aquí donde estriba con mayor crudeza la complejidad de esta modalidad de fusión.

La pretensión más importante se puede circunscribir en el logro de un menor coste de la producción por razones de economías de escala, que, unido a una mayor producción, reduce de forma importante el coste del producto, con lo que la empresa fusionada se hace más competitiva y rentable. Otro efecto de aspecto financiero es el logro de un mayor potencial ante la competencia, lo que a su vez desanima las operaciones de índole agresivo (OPA).

En el cuadro 4.1.2 se resume, esquemáticamente, el efecto de fusión de integración horizontal que hemos visto.

Cuadro 4.1.2

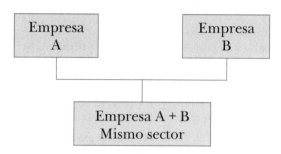

Las fusiones de integración horizontal persiguen:
- *Economía de escala.* Las dos empresas, con una producción suma de ambas, tendrán unos menores costes de compra.
- *Reducción de costes operativos.* Aprovechamiento de las instalaciones y equipos más eficaces.
- *Mayor cuota conjunta de mercado.* Unificación de canales de distribución y equipos comerciales.
- *Mayor potencial financiero.* Tanto de índole global como en cuanto a incremento de solvencia y autonomía.
- *Mayor capacidad de I. y D.* Por la mayor facilidad de inversión, así como aprovechamiento de los elementos técnicos y humanos existentes.
- *Equipo directivo.* Combinación del equipo más idóneo fruto de la selección de los equipos de las dos empresas fusionadas.
- *Mayor valor de* goodwill. Factor positivo ante la eventualidad de una fusión futura de mayor envergadura.
En definitiva, aprovechar las sinergias.

4.1.1.3 *Fusiones convergentes o concéntricas*

Se caracterizan por ser fusiones de empresas, que, aún no perteneciendo a una misma rama económica o de sector, tienen en común un mismo canal de distribución, o un mercado de consumo convergente. Su fusión permite, además de un desarrollo individual de su producción, como se venía haciendo antes de la fusión, el establecimiento de unas redes de comercialización, distribución y ventas según un interés común, logrando un menor coste global de los elementos mencionados y un mejor fruto en las acciones mencionadas.

Un claro ejemplo de este tipo de fusiones pueden ser empresas de bienes de consumo, como productos de belleza, perfumes, detergentes y muy recientemente empresas de alimentación por la amplia gama que comprende el abanico de oferta de estos artículos dirigido al consumo directo.

4.1.1.4 *Fusiones de diversificación*

Como indica su nombre, son fusiones según todas las variantes distintas y dispares en cuanto a mercado, producción, distribución, etc.

Es un tipo de fusiones de características diametralmente opuestas a las vistas hasta ahora, cuya finalidad es la de diversificar riesgos y pérdidas globales que se darían con una coyuntura desfavorable.

Ejemplos claros, los tenemos en los grandes *holdings* que adquieren y fusionan a una empresa matriz los más diversos tipos de empresas, generalmente dominados por las directrices de la empresa madre.

4.2 Objetivos cuantitativos

El objetivo fundamental en cualquier proceso de fusión o adquisición de empresas es lograr o incrementar la rentabilidad del accionista.

La cuantificación se obtendrá basándose en el logro de unos beneficios futuros, ya que el valor de un activo sólo será cuantificado en la medida en que sea capaz de producir un rendimiento. A este respecto invitamos al lector a aplicar lo explicitado en el capítulo 3.2.

No obstante, existen otros aspectos que se han de tener en cuenta que referimos a continuación:

- Pocas posibilidades de compartir las estructuras (servicios contables, alta dirección, investigación, logística, tecnología, etc.).
- Grandes posibilidades de compartir las estructuras (servicios contables, alta dirección, investigación, logística, tecnología, etc.).
- Posibilidad de lograr por el mayor potencial fruto de la unión, mejores compras de conjunto, mayor poder ante los bancos y entidades financieras, mayores recursos financieros, etc.

Por ello, y retornando al capítulo que trata de los futuros valores que se han de aplicar (valor de rendimiento), se debe tener muy en cuenta la aplicación de alguno o de todos estos criterios, así como de aquellos que no tengan tanta trascendencia para corregir, en un sentido u otro, los valores futuros que se deban aplicar.

Otras posibilidades que con frecuencia motivan este tipo de acciones se pueden enumerar, a título de ejemplo:

- Conseguir una mejor gestión empresarial por una dirección única para el grupo, oficinas comunes, servicios globales, etc.
- Acceso más directo al mercado de capitales.
- Aplicación de las variables habidas en todo momento en la tesorería.
- Diversificación y aplicación más controlada y con menos riesgo de patrimonios de índole personal.
- Evitar ataques hostiles de otras direcciones.

Como se puede comprobar por lo descrito, todos los factores relacionados en este apartado tienen un extraordinario peso específico, muchas veces determinante en la toma de decisiones.

4.3 Objetivos cualitativos

La fusión de empresas se produce por diversas causas o motivaciones. Un aspecto cualitativo fundamental es el efecto sinergia.

4.3.1 *EL EFECTO SINERGIA*

Se conoce como efecto sinergia aquel fenómeno que hace que al unir dos fuerzas su resultado sea superior a la suma de ambas.

Podríamos representar el efecto sinergia como una desigualdad entre dos elementos sumados; así, si consideramos $1 + 1 = 2$, podríamos indicar que:

$$y = z + x$$

donde se pueden dar, naturalmente, las siguientes situaciones:

Cuando y > z + x, el efecto sinergia será siempre, en mayor o menor medida, de signo positivo.

Cuando y = z + x, el efecto sinergia será nulo.

Cuando y < z + x, el efecto sinergia será negativo. La unión de los elementos produce un efecto negativo que conducirá a un rechazo de esta unión, debiendo considerar si su efecto es coyuntural o estructural.

Como se puede deducir fácilmente, el efecto sinergia será de indudable valor para la valoración en los temas de fusiones y adquisiciones de empresas.

Este efecto, se puede lograr porque se complete una gama de productos más extensa que la actual, una red de distribución más amplia, una mejor cobertura geográfica, etc. En definitiva, porque se logra el complemento de los puntos débiles de una, con la otra, y viceversa.

4.4. Particularidades de cada uno de los procesos

En el punto 4.1 se han definido los conceptos de fusiones y adquisiciones. A continuación pasaremos a analizar los aspectos más característicos y diferenciadores de cada uno de los procesos, según las decisiones adoptadas por las partes implicadas.

Distinguiremos las normativas, procesos, requisitos y particularidades, según se trate de:

- Procesos de fusión.
- Compra de activos.
- Compra de acciones.

4.4.1 *EN LOS PROCESOS DE FUSIÓN*

En una fusión en la que una empresa adquiere a otra, se entiende que la compradora adquiere los activos y pasivos de la vendedora y son absorbidos por aquélla. La compañía vendedora desaparece como entidad independiente.

En cambio cuando dos o más empresas se asocian para crear una entidad nueva, en un proceso de consolidación, no se especifica quién está comprando a quién, por lo que el balance inicial no indica propiedad de cada una de ellas, sino como conjunto de ambas.

4.4.2 *EN LOS PROCESOS DE COMPRA DE ACTIVOS*

Otro método consiste en la adquisición por parte del comprador de los activos del vendedor.

En este caso la transacción se suele efectuar mediante el pago en efectivo del valor acordado, o a través de acciones u otro títulos emitidos por el comprador.

En este caso, el pago se efectúa a la empresa, pero no a sus accionistas.

Según este método, el comprador adquiere activos concretos, sin que ello suponga la asunción de pasivos.

La empresa vendedora puede, una vez enajenados sus activos, proceder a disolver la empresa.

En resumen la adquisición de activos implica al comprador:

- Eliminación del riesgo o contingencias.
- No es preciso ningún consenso.
- El pago va dirigido a la empresa y no a los accionistas.

4.4.3 *EN LOS PROCESOS DE COMPRA DE ACCIONES*

Otra modalidad, que se suele dar con mayor frecuencia que la anterior, consiste en que el comprador adquiere todos los activos del vendedor, y a su vez asume todo su pasivo. De esta forma, este proceso implica la necesidad de valorar las acciones, como representación del patrimonio a adquirir.

Así pues, se trata en este caso de proceder a calcular el valor intrínseco de las acciones y, llegado a un acuerdo, el comprador las adquiere mediante el pago de las mismas en efectivo, a través de acciones o de cualquier otro título emitido por el mismo comprador.

El comprador puede, si lo desea o lo cree necesario, tratar individualmente con los accionistas de la compañía vendedora.

No obstante, la desventaja estriba en que la negativa de un solo accionista a vender sus acciones, impide la integración total.

A modo de resumen, la adquisición de acciones, implica:

- La posibilidad de contingencia en el pasivo es alta.
- El reparto de poderes es fácil ya que obedece a la proporción de las mayorías y minorías.

– La mecánica del proceso es relativamente muy fácil.

– Posibilidad de negociar individualmente con los accionistas.

4.5 Aspectos negativos de las fusiones y adquisiciones

Los procesos de fusiones y adquisiciones, obedecen por lo general a fortalecer a las empresas involucradas, con el fin de hacerlas más competitivas en los nuevos entornos, cada vez más globalizados, hostiles y complicados.

Pero, a pesar de las buenas intenciones, de poner todo el empeño en el proyecto, de trabajar con rigurosidad, etc. se estima que, a nivel mundial, unos dos tercios de estas operaciones suelen desembocar en el más absoluto fracaso. Por otro lado, en estudios realizados sobre el particular, se ha comprobado que después de un proceso de fusión o adquisición de empresas, se prescinde del 50 % de los directivos que había antes del proceso, en un plazo no superior a los cuatro años de la operación. Lo cual, puede resultar positivo o negativo, según las circunstancias históricas, pero en cualquier caso, lo cierto es que en ocasiones es traumático.

Muchas son las razones que hacen peligrar el cumplimiento del objetivo inicial. Pero lo que se puede afirmar, casi categóricamente que, por lo general, los fracasos no obedecen a errores en la valoración, a la planificación económico-fiscal, al estudio y análisis de los mercados, a la cuantificación y explotación del *know-how*, etc.

Los fracasos, en la gran mayoría de los casos en que se presentan, obedecen al choque entre las culturas empresariales de las integrantes, a las costumbres ascentrales de las mismas, a la diferencia de costumbres cuando se dan diferencias geográficas y, sobre todo al comportamiento de las personas que integran las estructuras organizativas.

Un caso actual, corrobora lo anterior. Las sociedades de auditoria y consultoría empresarial *KMPG Peat Marwick* y *Ernst and Young*, iniciaron un proceso de fusión que hubiera generado unos ingresos de 18.000 millones de dólares (unos 2,8 billones de pesetas) con implantación en 151 países y aglutinando más de 163.000 personas. Pues bien, después de haber llegado, prácticamente, a cerrar el acuerdo, han decidido desistir de la fusión, por varios motivos como el de la competencia, evitar crear monopolios, etc, pero lo que quizás llame más la atención, es que el motivo más contundente de esta decisión, es el del temor que han manifestado los responsables máximos sobre las reacciones negativas que podrían derivarse de la mezcla de dos culturas de empresa tan distintas entre sí.

A continuación pasaremos a detallar algunos aspectos que puede ser motivo de los citados fracasos, o como mínimo que pueden ejercer de elementos distorsionadores que dificultan y deforman los objetivos iniciales que aconsejaron el proceso.

a) El miedo a lo desconocido. El ser humano tiende a rechazar y desconfiar de aquello que no conoce.
b) La falta de información. Este factor es uno de los más destacables. En ocasiones los implicados directamente se enteran de que su empresa ha sido adquirida por otra, a través de los medios de comunicación.
c) La desorientación sobre las intenciones reales. Es sabido que uno de los objetivos que se persigue en todo proceso de esta índole es el de reducir y adaptar las estructuras a través de bajas incentivadas, jubilaciones anticipadas, traslados, etc.
d) Gran desconcierto inicial, que puede durar mucho tiempo e, incluso puede llegar al colapso o paralización de la actividad normal.
e) En los procesos de fusión, los empleados pertenecientes a la empresa más importante de las fusionadas, sienten y manifiestan una superioridad ante los miembros de las restantes empresas del proceso.
f) Cuando la fusión alcanza a empresas de distintos países, la destitución de altos cargos, para ser suplantados por otros, impuestos en el protocolo de acuerdo, suele generar un estado de temor por parte del colectivo, así como el deseo de escalar por parte de otro colectivo. Todo este escenario llega a producir un clima de trabajo muy enrarecido y complicado.

En definitiva, un proceso de fusión, de adquisición o de absorción de empresas, debe contemplar, además de una valoración rigurosa, una planificación de futuro bien estructurada y una buena negociación, la instauración de una cultura basada en la comunicación, la información y la adaptación de todos los componentes de la estructura organizativa de las empresas comprometidas en el proceso.

5

La financiación en la venta y adquisición de empresas

Evidentemente, cuando una persona física o jurídica, desea adquirir una empresa, lo puede hacer tal y como ya se describió en el capítulo 4, haciendo efectiva la adquisición a través de su pago en efectivo o de valores emitidos por los compradores, entendiendo con implicación de los bienes ajenos a la empresa a adquirir.

Pero no siempre el comprador dispone de cantidades de dinero necesarias para la deseada adquisición, por lo que, en esas circunstancias, puede recurrir a endeudarse para pagar al vendedor, asumiendo el coste del endeudamiento como una carga a considerar en los resultados futuros de la inversión.

El endeudamiento puede ser a través de préstamos, pignoración de ciertos bienes, emisión de deuda, etc., pero con las características que esas opciones se realizan a través de los propios bienes de la empresa a adquirir.

Por ello, si se tiene que adquirir una empresa a través de endeudamiento, se debe proceder a realizar un riguroso y exhaustivo estudio de posibilidades reales que ofrezca la empresa deseada. Es imprescindible conocer todas las posibilidades sobre generación de recursos, que permita la cobertura de los riesgos a asumir.

Como el lector puede comprobar, se trata de utilizar la capacidad de endeudamiento, es decir recurrir al apalancamiento o *leverage* financiero.

A modo de breve comentario recordaremos al lector que se denomina *leverage,* al grado de endeudamiento de una empresa o inversor. Dicho de otra forma, la relación entre los recursos propios y los recursos ajenos, pone de manifiesto el grado de apalancamiento de la empresa.

La aplicación tradicional en el mundo de las finanzas, de la bondad del apalancamiento del capital, consiste en aprovechar el endeudamiento siempre que se den dos condiciones: a) que el coste de ese endeudamiento sea inferior a la rentabilidad de la inversión y b) que la empresa genere suficiente *cash-flow* para hacer frente a la devolución puntual de los vencimientos de la deuda.

En este capítulo se tratarán los temas relacionados con lo que se ha venido a denominar *buy-out*, o compras apalancadas.

5.1 El *buy-out* (B.O.)

La definición que nos parece más precisa para el *buy-out* es la acción por la que un grupo, generalmente inversor, adquiere una empresa con inclusión de sus directivos, con el fin de lograr mayor rentabilidad de la inversión, procediendo a revenderla posteriormente, con lo que logra una plusvalía.

En ocasiones, esta operación se efectúa a gran escala adquiriendo un grupo o *holding* de empresas y vendiéndolas posteriomente por separado, con lo que la rentabilidad obtenida es generalmente mayor.

5.1.1 *Proceso de una operación de* buy-out

Las características generales de una operación de *buy-out* no difieren, en algunas de sus fases, con las de una compra normal de empresas. Así, en todo lo referente al proceso de información de la empresa, equipo directivo, mercado, etc., se efectuará de la forma ya vista en el capítulo 2, poniendo especial énfasis en el equipo directivo, pues su calidad hará prescindir o no de él, y en función de ello, el *buy-out* adquirirá una u otra forma.

Para el cálculo de valor de la empresa, nos basaremos siempre en los recursos generados futuros actualizados, pues se pretende que sea la plusvalía sea lo que impulse la operación.

Así, el factor *leverage* o apalancamiento estará principalmente basado en la capacidad de obtener beneficios, con los cuales hacer frente al coste de dichos recursos, así como generar el suficiente flujo para hacer frente al cumplimiento de los compromisos en cuanto a la financiación inicial (generalmente, este período se cifra entre 3 y 5 años).

En el cuadro 5.1 observamos, esquemáticamente, las diversas alternativas de financiación que se aplican a un proceso de B.O.:

Cuadro 5.1

Diversas alternativas de financiación de B.O.

Deuda garantizada (Aval)	Deuda pura sin garantías	Otros sistemas
– A través de garantías reales. • Hipotecas. • Pólizas de crédito. • Pagarés. (Menos costosa. Más fácil de colocar por tener menor riesgo).	– Basada en modalidades de financiación habituales pero emitidas por bancos especializados (*Merchant-Bank*) Tres tipos destacan: 1) Deuda principal (supone entre un 60/70 % del total por financiar). 2) Deuda secundaria o subordinada. Representa entre un 30/ 20 %. 3) Emisión de acciones: • Alto grado de rentabilidad (debido al riesgo). • Generalmente sin dividendo (se espera alta plusvalía en la transacción).	– Los propios vendedores aplazan, o compensan con acciones nuevas. – Uso del *lease back*. Vender y alquilar a una financiera. – Enajenar activos sobrantes no necesarios, o bien arrendarlos. – Suscripción de acciones por parte del personal propio o interesado (obreros, clientes, proveedores, etc.).

De todas las alternativas, y según la composición que se adopte definitivamente, se suelen dar las siguientes modalidades de *buy-out*:

- *Leveraged buy-out*.
- *Management buy-out*.
- *Leveraged buy-in*.
- *Leveraged cash-out*.

Cuyas características y aplicaciones pasamos a estudiar.

5.1.1.1 Leveraged buy-out *(L.B.O.)*

El *leveraged buy-out* (L.B.O.) consiste en utilizar la deuda *(leverage)* para comprar *(buy)* los títulos que en Bolsa cotiza la compañía en cuestión para proceder a retirar los mismos del mercado *(out)*.

Basado en el concepto de apalancamiento de los capitales, según el cual se produce un efecto «palanca» cuando el coste de los recursos empleados es inferior a la rentabilidad que se puede obtener de la propia inversión. Aplicando este concepto al *buy-out*, es muy comprensible que si la compra va además acompañada de una financiación basada en la esperada acción «palanca», la operación sea posible.

Se trata de financiar una operación de venta de empresa a través de un endeudamiento por parte del comprador (por ejemplo: una emisión de deuda), por lo que se practica la financiación con fondos ajenos sin tener que recurrir al uso de recursos propios.

Se debe tener en cuenta que las cargas financieras que se producirán para la retribución de los recursos obtenidos están «subvencionados» en la medida que las mismas son deducibles del impuesto de sociedades.

Para que la operación llegue a buen fin, es necesario conocer la empresa en cuestión, así como la capacidad real de generar beneficios, o lo que se ha venido en llamar «la obtención de gran cantidad de valor añadido». Ello, por la necesidad imperiosa de tener que hacer frente a la carga financiera que se producirá por la misma naturaleza de la operación.

Veamos un ejemplo para mayor comprensión del efecto apalancamiento.

a) Una empresa financiada exclusivamente con recursos propios no tiene ningún tipo de carga financiera, luego el coste del dinero que utiliza es el equivalente a la exigencia del accionista.

b) Otra empresa recurre a financiación externa cuya carga financiera será deducible de los beneficios obtenidos (BAII), por lo que quedará afectada por el efecto fiscal equivalente al tipo impositivo.

Llamando: CF_e = Coste financiero efectivo.
CF_n = Coste financiero nominal.
i = Tipo impositivo.

$$CF_e = CF_n \, (1 - i)$$

y supuestos valores:

CF_n de una operación concreta = 10 %
i = 35 % (impuesto sobre sociedades)

$$CF_e = 10 \% \, (1 \times -0,35) = 6,5 \%$$

Es evidente que este coste apalancará favorablemente cualquier opción de capital propio cuya exigencia, por parte del accionista, sea superior a la misma.

A pesar de su razonable fundamento y planteamiento, el uso de las técnicas del L.B.O., no siempre ha tenido el éxito que se esperaba de su planteamiento.

Todavía están presentes los nocivos efectos que produjeron el excesivo uso del L.B.O.,y que tanto se prodigaron en los años 80, sobre todo en EEUU. Aún hoy, muchas empresas arrastran los estragos de los efectos más dañinos del abuso de esta práctica. Un ejemplo emblemático lo representó la cadena de almacenes *Macy's* que cayó víctima de las enormes deudas sobre las que se financiaron las fusiones y absorciones de los años 80, y que dejaron a dicha cadena indefensa ante las posteriores recesiones.

Por otro lado alguno de los denominados «tiburones» adquieren empresas con mínimos e incluso nulos resultados operativos, con la esperanza de reflotarla y, posteriormente hacer frente incluso a los intereses de la compra apalancada. Lo peor sucede cuando no se cuenta con factores estratégicos externos que hacen peligrar la operación, por ejemplo, ante una fase depresiva de la economía.

No obstante, esas negativas experiencias han ido creando una nueva cultura. Por ejemplo, hoy día en estas operaciones, uno de los condicionantes más destacables es la mayor implicación, y activos controles de los consejos de administración por parte de los accionistas.

También es cierto, y por eso se analiza como una posibilidad, que el uso del L.B.O. bien diseñado y dirigido, han solucionado a muchas empresas en crisis y han ayudado también a otras a superar situaciones más o menos estructurales.

A título de ejemplo, la aplicación de un L.B.O. podría perfectamente encajarse en empresas del siguiente perfil:

- Empresas que aún estando muy arraigadas en el mercado carecen de estructuras financieras para su fuerte crecimiento.
- Empresas con activos muy importantes, que si bien figuran con valores contables históricos, su capacidad de financiación como bien real es muy superior, por lo que la obtención de fondos a través de *leverage* sería de fácil realización.
- Problemas de sucesión, o simplemente que ésta no desea continuar la tradición familiar y sustituye el patrimonio industrial por patrimonio financiero.
- Cierto cansancio producido por épocas de recesión, sobre todo si éstas son prolongadas.

Como enunciado, pasaremos a detallar algunas otras connotaciones que se han de tener muy en cuenta en este tipo de situaciones:

- Reacción del personal.
- Reacción de los clientes habituales de la empresa.
- Reacción de los proveedores habituales de la empresa.
- Temor a posibles reacciones de la parte vendedora en caso de fracaso del proyecto.
- Estrategia ante los representantes del personal.
- Etcétera.

Para cerrar este apartado, cabe resaltar también que la clave del éxito se sustentará en la motivación y calidad del mismo equipo directivo.

5.1.1.2 *Leveraged buy-in (L.B.I.)*

Es una combinación de las dos anteriores, es decir, una empresa que es adquirida en función de un apalancamiento *(leveraged)*, pero introduciendo una variante muy importante en lo referente al *management*, que estriba en que el grupo inversor o compradores aporta, como condición indispensable de la transacción, un nuevo equipo directivo de gestión en sustitución del existente.

5.1.1.3 *Leveraged cash-out (L.C.O.)*

Esa alternativa consiste en la práctica por parte adquirente del pago a los accionistas o propietarios vendedores, además de una parte en efectivo, de otra parte consistente habitualmente en:

- Pago a través de acciones de la nueva sociedad creada, fruto de la transimisión en cuestión.
- Pago sobre la base de bonos u obligaciones que pueden o no ser convertibles.

Como es lógico, esta práctica se efectuará en los casos de venta de empresas en su globalidad.

La ventaja de este sistema es que, por lo general, resulta mucho más sencilla esta operación para el adquirente que el tener que colocar los valores en el mercado.

5.1.1.4 *Management buy-out (M.B.O.)*

Otra variante del *buy-out*, es el management *buy-out* (M.B.O.).

El M.B.O. consiste en la adquisición de la empresa por todos o parte de los ejecutivos de la misma. Es decir, los directivos de la empresa que desea ser vendida por diferentes razones, la adquierer para sí.

Cuando esta operación va acompañada por un endeudamiento (ver 5.1.1.1.) Se le denomina *Management Leveraged Buy Out*.

Frecuentemente estas operaciones se plantean como solución límite para las empresas familiares, donde la gestión se deteriora por efecto de cambios generacionales, el endeudamiento es excesivo, se entra en fase de obsolescencia, etc.

Como casi siempre, cuando una operación de M.B.O. se diseña con rigurosidad, realidad y profesionalidad, puede perfectamente conducir a resultados óptimos. En cambio, cuando obedece a operaciones desesperadas, predominando más la buena voluntad que los recursos de todo tipo, como económicos y profesionales, lo más probable es que desemboque en un fracaso, en ocasiones estrepitoso.

Según un estudio realizado por el CIIF, de las 43 operaciones realizadas en España desde 1990 hasta 1995, el resultado fue que 17 de ellas confirmaron su fracaso, otras 14 fueron vendidas con pérdidas y las 2 restantes acabaron en suspensión de pagos. Las restantes operaciones fueron exitosas.

No obstante, la experiencia obtenida del pasado, unido a una mayor cultura tanto doméstica e importada, puede propiciar que las operaciones de M.B.O. puedan ser en un futuro una solución sólida y definitiva para muchas empresas con dificultades, pero con futuro.

5.1.2 *TIPOLOGÍA DEL MERCADO DE FUSIÓN Y ADQUISICIÓN DE EMPRESAS*

En todo tipo de acción de fusión o adquisición de empresas, aparecen por lo general tres centros de interés. Estos tres elementos que integran la operación tienen una tipología determinada, que concretamos en el siguiente cuadro:

Tipología de la parte interesada en la adquisición (Demanda)	Tipología de la parte interesada en la venta (Oferta)
– Grupos industriales. – Grupos financieros. – Directivos.	– Sector público. – Bancos. – Grupos familiares.
Intermediario o «*Broker*»	

Actualmente, los grupos industriales son los que están realizando mayor cantidad de operaciones de este tipo, naturalmente descartando las grandes operaciones bancarias de todos conocidas.

Los objetivos más comunes y las situaciones más frecuentes suelen estar motivadas para conseguir una mayor cuota de mercado en unas circunstancias, o bien para lograr una mayor diversificación de sus actividades.

En el grupo financiero se podrían agrupar aquellas inversiones cuya finalidad va encaminada a reconducir la empresa por los derroteros de mayor rentabilidad y saneamiento para proceder en el momento oportuno a revender de nuevo la misma en la confianza de obtener pingües plusvalías.

En cuanto al grupo de directivos, nos referiremos a aquel representado por el interés en acceder a la titularidad de la compañía a la que pertenece (véase *Management buy-out*).

En cuanto al capítulo de vendedores, el grupo predominante está formado por los grupos familiares, quienes suelen tomar esta decisión por diversas causas. Las más destacables, son: el exceso de cargas financieras, problemas de sucesión, cansancio, problemas fiscales, etc.

En ocasiones también se pretenden objetivos como el cambio de un patrimonio industrial a un patrimonio de índole financiero, pasando por una participación minoritaria, mayoritaria o de venta global.

Los bancos, con interés en la venta de su cartera de empresas industriales, pueden ser también un reducto de interés.

Y por último, el sector público, para reducir las pérdidas generadas por sus empresas.

6

Ventas y adquisiciones públicas

En capítulos anteriores se ha ido viendo que las empresas pueden ser adquiridas mediante acuerdo entre las partes, bien a través de financiación apalancada, o por parte de los directivos, etc.

Pero en ocasiones se producen situaciones en las que, cuando una empresa desea controlar a otra que cotiza en Bolsa, puede realizar una Oferta Pública de Adquisición de acciones (O.P.A.), ofreciendo un precio superior a la cotización normal de mercado. Esta prima o exceso de precio ofertado pretende estimular al tenedor de las acciones a fin que venda a la empresa opante.

Por otro lado puede ocurrir el caso contrario, que consiste en que los titulares de las empresas lanzan Ofertas Públicas de Venta (O.P.V.), al mercado a fin de vender la totalidad o parte de las acciones de las que son poseedores.

De las O.P.V., caben destacar dos situaciones distintas: a) la empresa que no cotiza en Bolsa desea acceder a hacerlo, eligiendo la elección de ofrecer un paquete de las acciones de los accionistas que en ese momento componen la empresa. Esta oferta suele ser sobre un porcentaje determinado, con la finalidad que los antiguos accionistas puedan seguir con el control de la empresa. Ejemplos de esta modalidad lo componen la empresa familiar, como salida al acceso de un sistema de financiación más ortodoxo, que recurrir siempre a los bancos.

El otro tipo de O.P.Vs. consisten en la salida a Bolsa de las acciones públicas propiedad del Estado, a fin de privatizarlas. Esta práctica ha proliferado en la mayor parte de los países de nuestro entorno más próximo y, en España se ha venido haciendo de un tiempo a esta parte y, aún queda un largo camino a recorrer.

De las O.P.A.s y O.P.V.s, pasamos a referirnos a continuación.

6.1 Oferta pública de adquisición de acciones (O.P.A.)

La Oferta Pública de Adquisición (O.P.A.) consiste en que una persona física o jurídica propone a los accionista de una empresa, por la que se interesa, la adquisición de las acciones que dichos accionistas poseen, a través de un precio por acción superior al precio de cotización en el mercado bursátil.

Si los actuales accionistas aceptan la oferta de los interesados compradores, se dice que la OPAs es amistosa. No obstante, si la OPA amistosa fracasa, la empresa opante puede insistir en su empeño, por lo que se convertirá en lo que se conoce como una OPA hostil.

Las primeras OPAs que se presentaron en España en la década de los años 80, en las que se carecía de reglamentación legal para su regulación, hasta el año 1991 en que se reguló en España, tuvieron que tratarse a través de la aplicación de normativas de otros países, importando así su regulación y experiencia.

Actualmente, las OPAs, se regulan por el Real Decreto 1197/1991 de 26 de julio de 1991, de la que destacaremos los puntos más sobresalientes, a fin que el lector conozca los aspectos más relevante de las OPAs.

a) Toda persona física o jurídica que pretenda adquirir a título oneroso, en un solo acto o actos sucesivos, acciones de una sociedad, cuyo capital esté, en todo o parte, admitido a negociación en Bolsa de Valores, u otros valores como derechos de suscripción, obligaciones convertibles, etc., para así llegar a alcanzar junto con la participación que ya posea, *una participación significativa en el capital de la sociedad interesada,* **no podrá hacerlo sin promover una oferta pública de adquisición** (OPA) en los términos que se indican en el R.D. citado 1197/1991.

b) Tendrá la consideración de participación significativa aludida en el punto anterior, aquellas que representen porcentajes iguales o superiores al 25 % y al 50 % de la sociedad afectada.

c) Cuando se pretenda alcanzar una participación igual o superior al 25 % del capital social, la oferta deberá realizarse sobre un número de valores que represente como mínimo el 10 % de la sociedad «opada».

d) En el caso que ya se posea el 25 % sin llegar al 50 % y la pretensión sea de incrementar la actual participación en, al menos un

6 % antes de un año, la oferta se deberá dirigir, como mínimo al 10 % del capital social de la empresa afectada.

e) Cuando se pretenda alcanzar una participación igual o superior al 50 %, la oferta deberá realizarse sobre un número de valores que le permita, al adquirente, alcanzar al menos el 75 % del capital.

f) La OPA debe dirigirse a todos los titulares de las acciones de la sociedad afectada, incluidas las acciones sin voto.

g) LA OPA, solo podrá formularse como compraventa, debiendo consistir en dinero la totalidad de la contraprestación.

El precio ofrecido, que deberá ser objeto de autorización por la Comisión Nacional del Mercado de Valores (CNMV) y de explicación a los interesados mediante el folleto de la oferta, no podrá ser inferior, al menos, a los indicados en los siguientes criterios, apreciados en el momento de la formulación de la OPA: 1) valor teórico contable de la sociedad, 2) valor liquidativo de la sociedad, 3) Cotización media de los títulos durante el semestre inmediatamente anterior al del acuerdo de solicitud de exclusión y 4) precio de la contraprestación ofrecida con anterioridad, en el supuesto que se hubiera formula alguna otra OPA en el último año a contar de la fecha del acuerdo de solicitud de exclusión.

h) Toda persona física o jurídica que pretenda realizar una OPA, deberá solicitar autorización a la CNMV, acompañando al escrito de solicitud, un folleto explicativo de la oferta y la documentación necesaria, de acuerdo con lo previsto en el real decreto antes indicado.

i) Una vez recibida la solicitud de autorización, la CNMV, acordará la suspensión cautelar de la negociación bursátil de los valores afectados por la oferta, indicando en esa suspensión el motivo a que obedece.

j) Aprobada la OPA, por la CNMV, se deberá proceder a dar la máxima publicidad de la misma en los medios de comunicación.

6.2 Oferta Pública de Adquisición (OPA) hostil

Cuando una empresa ofertante, fracasa en su intento de lanzar una OPA, en los términos que se han descrito en el punto anterior, o después de resultar infructuosas las tentativas de acuerdos estratégicos, fusiones, etc., puede proceder a lanzar lo que se denomina una OPA hostil.

Como indica su propia denominación, la OPA hostil consiste en desplegar todas las armas legales posibles, a través de una agresiva oferta a los tenedores de acciones de la empresa que se desea.

A continuación detallamos la oferta de una OPA hostil del sector informático en la que por su detallado contenido, creemos será de sumo interés al lector, toda vez que define perfectamente el objetivo y contenido de una OPA.

Jueves, 12 de febrero de 1998

Computer Associates desafía a IBM y EDS con una OPA hostil de nueve mil millones de dólares

El sector informático ha cogido velocidad. Tan sólo dos semanas después de que Compaq anunciara la compra de Digital por 9.600 millones de dólares, ComputerAssociates, una de las empresas más importantes de software en el mundo, presenta una OPA hostil de nueve mil millones de dólares sobre Computer Sciences, especializado en servicios informáticos. El objetivo es crear un gigante que compita contra IBM y EDS.

Computer Associates(CA), radicada en Islandia, en el Estado de Nueva York, había mantenido conversaciones de fusión el pasado diciembre con Computer Sciences(CSC), de El Segundo, en California. Tras el fracaso de estos primeros contactos, Charles Wang, presidente de CA, ha optado por desplegar su estilo más agresivo y ofrecer 108 dólares en metálico por cada acción de CSC, lo que supone una prima del 17% sobre el cierre en bolsa del pasado lunes.

Si el consejo de CSC, presidido por Van Honeycutt, rechaza la oferta, CA ha afirmado que buscará la aprobación directa de los accionistas.

Para John Faig, analista de PaineWebber, la operación "tiene mucho sentido", ya que supondría una unión entre una empresa especializada en software –CA– con otra de servicios –CSC–. De salir adelante, la nueva compañía contaría con la base de creación de programas de CA, junto con el know how en la aplicación de servicios de CSC, que tiene en la Administración Publica estadounidense a su principal cliente.

De salir adelante esta OPA, la compañía resultante empleará a 50.000 personas y facturará alrededor de 11.000 millones de dólares. Charles Wang, primer ejecutivo de CA, pretende convertir a su compañía en uno de los principales jugadores en el negocio de servicios, un nicho dominado hasta ahora por Electronic Data Systems (EDS), empresa que fue segregada en 1996 de General Motors a través de un spin-off. EDS facturó 15.235 millones de dólares en 1997, mientras que la división de servicios de IBM superó los 19.000 millones de dólares. Este departamento del Gigante Azul se ha convertido en su negocio estrella, ya que ha pasado de suponer el 15% de la facturación en 1994, al 24,5% en 1997.Richard Scocozza, analista de Bearn Stearns, comentó que la operación cuadra perfectamente con los objetivos de CA, ya que esta compañía, junto con otras de su sector, han perdido "competitividad frente a la división de servicios de IBM". Tanto CA como CSC cuentan con un amplio historial de adquisiciones.

Una de las grandes compras de CSC fue Continuum, en abril de 1996, por 1.400 millones de dólares. Con esta operación, CSC pretendía potenciar su negocio de servicios a entidades financieras y aseguradoras. CA, por su parte, ha adquirido cerca de sesenta compañías en los últimos años.

Esta operación en el sector de la informática sigue a la adquisición de Digital por Compaq, anunciada el 26 de enero y que alcanzó los 9.600 millones de dólares. Ayer a media sesión, las acciones de CA cotizaban a 52 dólares en la Bolsa de Nueva York, lo que supone una caída del 11,3%, mientras que las de CSC rondaban los 104,75 dólares en el mismo mercado, con una ganancia del 13,5%.

Fuente: Expansión, 12-2-98,

6.3 Oferta Pública de Venta (OPV)

Tal como se indicó en el punto 6, la Oferta Pública de Venta (OPV) consiste en que los titulares de unas acciones, ofrecen al mercado la venta de la totalidad o parte de los valores que poseen. Dicho de otra forma, los actuales accionistas buscan capitalización o liquidez, a través de la cesión de una parte o la totalidad de un patrimonio, representado por unos valores.

Caben destacar dos colectivos importantes que habitualmente utilizan la vía de la OPV, aunque el proceso es el mismo en ambos casos.

La primera de ellas hace referencia a las empresas que nunca han cotizado en Bolsa. Generalmente se trata de empresas familiares, que deciden acceder a cotizar en Bolsa, a fin de obtener financiación ortodoxa, evitar el endeudamiento a nivel personal, incrementando su nivel de competitividad mediante capitalización vía recursos propios, evitando así el tradicional endeudamiento vía bancaria.

Por las razones descritas y otras más, se está produciendo un verdadero interés por parte de empresas deseosas de introducirse en Bolsa. Las experiencias de TelePizza, Bodegas Riojanas, Adolfo Domínguez, Dinamia, etc., han supuesto un acicate, frente al tradicional temor de cotizar en Bolsa. Asimismo, es destacable el hecho que, en la actualidad son muchas las empresas, sobre todo de origen familiar, que se están planteando seriamente acceder a cotizar en Bolsa.

El segundo colectivo que acceden a cotizar en Bolsa, a través de las OPV, procede de la privatización de empresas. Es decir, el Estado se desprende de todas o parte de las acciones de las empresas que tutela.

Dada la amplitud de este tema, dedicaremos el próximo apartado a tratar el mismo.

6.3.1 LA OPV Y LA PRIVATIZACIÓN DE EMPRESAS

La privatización de empresas se ha producido y es un proceso de continuidad, en la mayor parte de los países de nuestro entorno, como por ejemplo, Francia, Alemania, Portugal, Holanda, Bélgica, etc.

Al margen de privatizaciones vía objetivo ideológico», los motivos de la decisión de privatizar empresas del Estado, obedecen a múltiples aspectos, entre los que caben destacar:

a) Vender aquellas empresas ajenas al interés estratégico de lo que se debe concebir estrictamente, como empresa pública,

b) Rentabilizar el sector público, desprendiéndose de empresas no rentables, entendiendo que la forma más eficaz pasa por gestionarles mediante modelos de empresa privada,

c) Garantizar la viabilidad de las que son competitivas, y que no lo resultaban como empresas públicas por dificultad de inversión y modernización,

d) Contribuir a la política de reindustrialización favoreciendo la concentración de empresas,

e) Reducir las subvenciones,

f) Lograr liquidez para otros proyectos de inversión más rentables y adecuados a la función pública y

g) Conseguir ingresos para reducir el déficit público, sustituyendo así ingresos por vía de impuestos.

7

Recomendaciones para vender una empresa

Por lo general, aquellas empresas o inversores cuya actividad consiste en adquirir empresas, suelen tener experiencia en adquisiciones, tratamiento de las mismas, información a obtener, negociación del proceso, etc.

Pero lo más frecuente es que el vendedor de una empresa no tenga esa experiencia, entre otras cosas porque sólo tiene una empresa para vender.

Por ello y, sin pretensión de ser exhaustivos ni exclusivos, pasamos a enumerar algunos consejos dirigidos a aquellas personas que se puedan o deban plantear la venta de su empresa:

- Ser muy cauto en el momento de dar toda la información a la parte vendedora. Piense que podría suceder si no se llegara a un acuerdo.
- Guárdese de aquellos que sin tener intención de comprar, pretenden acceder a conseguir la información.
- Aunque se esté decidido a vender, e incluso se disponga ya de buenas perspectivas, no abandone nunca la gestión del día a día. No sería la primera empresa que desapareció antes de ser vendida.
- Analice la posibilidad de no vender la empresa en su totalidad. Podrá, así, renegociar, mejorar las condiciones posteriormente, o intervenir en las decisiones, junto a los nuevos accionistas o propietarios.
- No sólo es el precio lo que debe prevalecer. Por ejemplo la garantía del cobro pueden perfectamente tener prioridad al establecimiento del precio, toda vez que las cantidades aplazadas se deben cobrar.

- Piense a qué se va a dedicar una vez vendida la empresa. Tenga en cuenta que es muy frecuente que una vez culminada la operación y habiéndose desprendido de la empresa, puede caer en una depresión.
- Cuando negocie, tenga presente que la venta de la empresa afecta a terceros, sobre todo a los colaboradores. Pueden sentirse traicionados si usted no ha negociado sobre aspectos de su seguridad, o por lo menos contemplado compensaciones económicas o de otra índole.
- Contacte con la mayor cantidad posible de compradores, tanto a nivel nacional como internacional, aunque ello le ocupe mucho tiempo.
- Contrate a un experto en materia de valoración y negociación. No confíe en que usted es muy hábil. Recuerde que nunca ha vendido ninguna empresa.

8

¿Vender o reflotar la empresa?

Un tema que siempre preocupa a los accionistas o propietarios de empresas en dificultades consiste en preguntarse: ¿puedo reflotar mi empresa, o es mejor venderla a alguien que la pueda tirar adelante?

En otras ocasiones, el planteo es no venderla, pero sí buscar un socio inversor o capitalista. La pregunta también surge ¿quién es el socio adecuado?

En primer lugar destacaremos qué aspectos se deben tener en cuenta para conseguir una mínima garantía de éxito en la reflotación de la misma.

- Confeccionar un plan de viabilidad, a fin de conocer las posibilidades y límites de la capacidad de negociación con bancos, proveedores, empleados, Administración, etc.
- Desarrollar la máxima capacidad de comunicación con los afectados, sobre las decisiones que se vayan adoptando, con el fin que colaboren en las mismas. Sobre todo con los colaboradores, proveedores y bancos.
- Lograr mantener la cifra de ventas y no perder clientes, durante el proceso.
- Contemplar si es aconsejable recurrir a cualquier situación legal concursal, siempre que se plantee un plan serio y riguroso de recuperación y saneamiento.
- Contar con recursos financieros. Es muy difícil, sino imposible, afrontar cualquier situación de reflotamiento o saneamiento, sin contar con recursos financieros suficientes.
- Lograr el apoyo de los empleados, sin cuyo concurso, será del todo imposible afrontar ninguna posibilidad de éxito.

Si cree, o ya tiene pruebas que los puntos anteriores no se podrán alcanzar, por muy buena voluntad que se ponga en el empeño, lo mejor es que busque un socio o venda la empresa.

Algunos de los consejos para vender la empresa los hallará en el capítulo 7. En el caso de acudir a negociar con nuevos socios o inversionistas, es conveniente tener presente:

- Asegúrese que el candidato no pretende exclusivamente aprovecharse de la crisis, para obtener beneneficio de los activos infrautilizados, o de gran valor.
- Pacte que se involucren en la gestión y responsabilidad ante los agentes afectados en la reestructuración.
- Que aporte dinero efectivo. No plantear soluciones basadas en los cambios estratégicos exclusivamente, sino acompañados de una inyección económica, que facilite la negociación con los acreedores.
- Tenga en cuenta que muchos inversores e incluso las Sociedades de Capital Riesgo, invierten en empresas con futuro, es decir, nadie quiere invertir en proyectos sin viabilidad.
- Rodéese de profesionales y expertos que le aconsejen cómo han solucionado situaciones anteriores.

Por último, piense que se trata de un único examen, sin posibilidad de repesca.

Glosario de términos utilizados

Para una mayor comprensión, a continuación y, en forma de breve diccionario, se definen los términos utilizados en este libro, así como otros relacionados con las finanzas en general y, valoración de empresas en particular.

Absorción. Se produce cuando una empresa compradora adquiere otra empresa. La empresa compradora conserva su nombre e identidad a la vez que absorbe los activos y pasivos de la empresa adquirida.

Acción. Parte alícuota del capital de una sociedad. Derecho que adquiere el poseedor de la misma a la participación de beneficios de la empresa.

Acción ordinaria. Las que confieren los mismos derechos a sus poseedores.

Acción sindicada. Vinculada a un pacto para no trasmitirla sin el previo acuerdo de otros socios, y que forma parte de un bloque que ejerce su presión en la dirección social.

Activo. Referido al balance de situación, relación de bienes y derechos de una empresa. Asimismo pone de manifiesto las inversiones que ha realizado, y las divide en activo fijo y activo circulante.

Activo circulante. Conjunto de elementos del activo que se estima se convertirán en líquido en un período inferior a un año, como por ejemplo: stocks, saldo de clientes, activo financiero, etc.

Activo ficticio. Conjunto de valores artificiales en las partidas de activo, que no deben considerarse en el proceso de valoración. Ejemplo de conceptos de este capítulo son: la autocartera, pérdidas activadas, gastos a recuperar condicionadamente, etc.

Activo fijo. Denominado también *inmovilizado.* Parte del activo que permanece en la empresa más de doce meses, por ejemplo: Maquinaria, Terreno, Edificios, Instalaciones, etc.

Activo financiero. Derechos reconocedores de una deuda susceptibles de intercambio, con la intención de generar beneficios, como: Cuentas corrientes, certificados de depósito, letras, pagarés, obligaciones, bonos, fondos de inversión, etc.

Activo neto real. Excedente del conjunto de bienes y derechos de toda clase que posee la empresa, y que constituyen su activo con relación al total de deudas, o sea su pasivo exigible.

Adquisición de acciones. Consiste en adquirir mediante efectivo, acciones con derecho a voto de la empresa, acciones de capital u otros capítulos.

Alianza estratégica. (Ver cooperación).

Amortización. En términos contables, se refiere al conjunto de operaciones técnicas que tienen como finalidad la evaluación de las depreciaciones del activo fijo. Por otro lado, la suma que hay que deducir de los beneficios netos para compensar el desgaste del capital.

Apalancamiento financiero. (Ver *leverage*).

Autocartera. Adquisición y posesión de acciones o valores propios que en un momento determinado pueden figurar en poder de una empresa.

BAI (Abreviatura de beneficio antes de impuestos). Aquella cifra de beneficios obtenida por la empresa, sin considerar el efecto fiscal.

BAII (beneficio antes de intereses e impuestos). Los beneficios conseguidos por la empresa, sin tener en cuenta la carga financiera ni el impuesto sobre sociedades.

BDI. (beneficio después de impuestos). Beneficio neto de la compañía, después de descontar la carga financiera y el efecto fiscal.

Badwill. (ver fondo de comercio).

Balance. Inventario que se realiza periódicamente y que pone de manifiesto, por un lado, los derechos y bienes de la empresa (activo) y por otro las obligaciones y deudas (pasivo).

Balance de liquidación. Estado contable de la empresa que sirve de base de reparto del patrimonio social entre los socios, una vez se han cumplido todos los requisitos de liquidación de compromisos de la sociedad.

Banca. Forma genérica de referirse al sector bancario de un país o territorio, como un sistema integrado.

Banco. Negocio dedicado a recibir fondos de terceros en forma de depósito que retribuye, y fondos que otorga a sus clientes en forma de créditos por los que percibe un interés y unas comisiones.

Buy-out. (Del inglés) Acción por la que un grupo inversor adquiere una empresa, con el fin de mejorar sus resultados actuales, procediendo a su posterior venta, con la finalidad de alcanzar una plusvalía en la operación.

CNMV (Abreviatura de Mercado Nacional del Mercado de Valores).

Capital circulante. Diferencia entre el activo circulante y el exigible a corto plazo.

Capitalización. Consiste en agregar el beneficio al capital.

Capitalización bursátil. Valor que alcanzan los títulos negociados en Bolsa. La suma de títulos en circulación multiplicados por el valor de cotización, equivale al valor de la empresa atribuido por el mercado.

Cargas financieras. Coste ocasionado por la utilización de recursos propios.

Cash-flow. (Del inglés: flujo de caja). Es el dinero que genera la empresa a través de su actividad ordinaria.

Cash flow mecánico. Se calcula sumando al beneficio neto de explotación, la amortización del período, toda vez que no genera salida de dinero.

Cash flow financiero. Se obtiene restando de los cobros de explotación, los pagos de explotación.

Concentración de empresas. Designa un movimiento de crecimiento de empresas que intentan, por diferentes medios, aumentar su poder a fin de controlar mejor los mercados.

Cooperación. Institución duradera de relaciones privilegiadas entre empresas. La cooperación puede tener un carácter temporal, indefinido, o bien establecerse de tal forma que sólo sea para la consecución de unos fines concretos y definidos, y alcanzado ese fin desaparece tal cooperación.

Coste de oportunidad del capital. Rentabilidad exigible por el capital al tener otras opciones de inversión. Este concepto está muy ligado al factor riesgo de la alternativa.

Coste del capital. Coste medio ponderado de las diferentes fuentes de financiación que constituyen el exigible de una empresa.

Crédito. Operación de cambio que se basa en una necesidad de moneda que no posee y que el prestatario va a obtener a título oneroso. Concesión que se otorga al adquiriente de bienes o servicios, como una ayuda económica, dándole un término para el pago.

Chequeo. Vocablo aplicado a un reconocimiento médico que, aplicado a la empresa, define al conjunto de controles, comprobaciones y mediciones que facilitan el conocimiento o análisis de todas o algunas partes de la gestión.

Descapitalización. Operaciones por las que se ven mermados los capitales de la empresa, bien debido a pérdidas, por haber sido objeto de reparto, o por no reponerse.

Dividendo. Parte de los beneficios que se destinan de forma inmediata a los accionistas.

Empréstito. Acuerdo mediante contrato por el que una empresa o persona, obtiene de modo transitorio, la utilización de una cosa o la disposición de un dinero. Formas de endeudamiento de la empresa.

Endeudamiento. Uso que se hace de créditos o préstamos bancarios a través de emisión de deuda.

Explícito. Que expresa clara, detallada y determinantemente una situación o cosa.

Financiación. Obtención de aquellos fondos necesarios para el funcionamiento óptimo de la empresa.

Financiación espontánea. Diferencia en el tiempo que transcurre desde el uso del bien o consumo de un producto o servicio, hasta su pago. Durante ese tiempo, la empresa ha dispuesto de ese bien sin pagarlo, ni sufrir recargos financieros por ello.

Financiación externa. Corresponde a la financiación que tiene su origen en el ahorro externo a la empresa.

Financiación interna. La que está integrada por el ahorro bruto generado por la empresa y constituida por la autofinanciación o beneficios no distribuidos a los accionistas.

Float. (vocablo inglés). Efecto de flotamiento. Tiempo durante el cual una cantidad de dinero no es disponible por la empresa. El ejemplo más claro de *float* lo constituye la no posible disponibilidad del dinero ingresado en un banco desde el momento de su ingreso hasta su efectiva disponibilidad.

Fondo de comercio. Valoración que se da a ciertos atributos de la empresa a valorar, que no figuran en el balance ni en el valor sustancial. Corresponde al exceso del valor total de la empresa, sobre su valor contable o sustancial. Se le denomina también *Goodwill*, cuando el exceso es positivo y *Badwill* cuando es negativo.

Fusión de empresas. Unión de dos o más empresas, por absorción en beneficio de una, o por creación de una nueva, dando paso a una nueva fusionada cuya corporación aúna los activos y pasivos de las fusionadas.

Goodwill. (Ver fondo de comercio.)

Holding. (vocablo inglés). Significa «poseer, tener». Sociedad formada para controlar varias empresas, teóricamente independientes pero donde la mayor parte del capital está en manos del mismo.

Hostil. Aquello que se considera contrario o enemigo.

Imagen corporativa. Representación de la actitud, criterios y conceptos que pueda tener un entorno o colectivo determinado de una empresa u organización.

Integración horizontal. Fórmula de concentración de empresas que mantienen su independencia jurídica.

Integración vertical. Concentración de empresas que desarrollan actividades complementarias.

Joint venture. Modalidad de cooperación basada en el compromiso entre dos o más empresas económicamente independientes, que requiere la puesta en común de medios y riesgos.

Know-how. (vocablo inglés: saber hacer). Conjunto de bienes, cultura, capacidad de investigación, innovación, etc. que ha acumulado una empresa, y que constituye una parte muy importante de su valor.

LBO (ver *leveraged buy out*).

Leverage. (Del inglés: apalancamiento). Grado de endeudamiento de una empresa o inversor. Relación entre los recursos financieros propios y los recursos financieros ajenos. Se dice que se está muy apalancado cuando el grado de endeudamiento es alto y, viceversa.

***Leverage* financiero.** Cuando el coste de los recursos financieros utilizados en una inversión es inferior a la rentabilidad de la misma, se dice que se produce un efecto de apalancamiento financiero, toda vez que se consigue una amplificación de la rentabilidad de los recursos propios.

Leveraged BUY OUT (Conocido por las siglas LBO). Consiste en utilizar la deuda (ver *leverage*), para comprar títulos de una compañía que cotiza en Bolsa, a fin de proceder a retirar los mismos del mercado. Se trata de financiar una operación de compraventa de empresas, a través del endeudamiento por parte del comprador, por ejemplo, mediante la emisión de deuda, recurriendo así a la financiación a través de recursos ajenos, sin recurrir a los propios.

Leveraged BUY IN (Conocido por la siglas LBI). Es una combinación del LBO y del MBO por la que la diferencia fundamental estriba en que se introduce la variante, por parte del comprador, de un nuevo equipo directivo, que sustituye al anterior.

Leveraged Cash-out (Conocido por las siglas LCO). Consiste en la práctica por parte del comprador, mediante el pago a los vendedores a través de acciones de una nueva sociedad, o de emisión de deudas, como por ejemplo bonos u obligaciones.

Liquidez. Capacidad para hacer frente con rapidez a las obligaciones financieras contraídas, mediante la disposición de un activo líquido inmediato.

MBO (Ver *management buy out*).

Management buy out (del inglés). Se le conoce con las siglas MBO Consiste en que la adquisición de la empresa en venta, la realizan todos o parte de los directivos que la dirigen. Cuando esta operación se realiza mediante el uso de recursos ajenos, también se le denomina *management-leveraged buy out*.

Llaves en mano. Venta en bloque de plantas industriales y equipos dispuestos para trabajar de inmediato, con garantía de funcionamiento óptimo.

Merchant bank. (vocablo inglés). Institución financiera de origen británico dedicado principalmente a la administración de carteras, emisiones de deuda, seguros y asesoramiento sobre fusiones y adquisiciones de empresas.

Multinacional. Empresa o grupo financiero que tiene implantación simultánea en varios países.

OPA (Ver Oferta Pública de adquisición).

Oferta pública de adquisición (OPA). Abreviatura de Oferta Pública de Adquisición de valores. Consiste en que un inversor propone a los accionistas de una empresa interesada en ser adquirida por aquel, una oferta a un precio convenido que, por lo general es superior, para hacerlo atractivo, al de mercado. Cuando la OPA finaliza en acuerdo con las partes se le denomina amistosa, siendo hostil cuando a pesar de la negativa inicial de los accionistas, el inversor interesado persiste en sus intenciones.

OPV. Abreviatura de Oferta Pública de Venta de Acciones.

Oferta pública de venta de acciones (OPV). Salida a cotización de paquetes o totalidades de acciones que pasan a ofrecerse al público y, que hasta la fecha ha venido perteneciendo a un propietario privado o público.

Opción. Contrato normalizado en virtud del cual, el comprador adquiere el derecho (no la obligación) de comprar o vender un activo específico a un precio determinado, antes de, o a una fecha concreta. Por este derecho el comprador paga un precio o prima.

Operación acordeón. Reducción del capital social de una empresa, a la que sigue una ampliación y, que generalmente obedece a la absorción de pérdidas, con el fin de dotar a la compañía de nuevos recursos.

PER (Abreviatura del inglés de: *Price earning ratio)*. Mide el tiempo que ha de transcurrir para que un inversor recupere su inversión. Aunque generalmente se utiliza para los valores que cotizan en Bolsa, es una medida de valoración de empresas, toda vez que referencia el número de veces que el beneficio contiene a la inversión.

Pasivo. Importe total de los débitos y obligaciones que tiene contraídos una empresa o persona. Origen de los recursos financieros.

Patrimonio. Conjunto de bienes y derechos que pertenecen a una empresa o colectivo.

Pay back (vocablo inglés). Período de tiempo necesario para la recuperación de una inversión.

Pay-out (vocablo inglés). Parte de los beneficios que se distribuye en concepto de dividendo.

Plusvalía patrimonial. Incremento de la aportación del accionista, debido a la inclusión en la inversión de la autofinanciación del período.

Pool (vocablo inglés). Expresión de cooperación. Acuerdo para restringir la competencia en los mercados de productos y servicios.

Préstamo. Contrato por el que una persona física o jurídica transmite a otra el uso de un bien o derecho durante un tiempo.

Privatización. Consiste en que una empresa o grupos de empresa, de las que el Estado es titular, pasan a manos privadas, bien sea para mejorar los resultados de esas compañías a través de gestión de privada, o bien para aumentar los ingresos públicos y reducir el déficit.

PYME. Siglas de Pequeña y Mediana empresa.

Quiebra. Insolvencia. Situación en la que se encuentra un patrimonio que no puede hacer frente a las deudas que pesan sobre él.

Ratio. Coeficiente que establece la relación entre dos magnitudes ligadas entre sí.

Realizable. Una de las partes en las que se divide el activo de una empresa y, en el que figuran las inversiones a un plazo inferior a un año (stocks, saldo de clientes, tesorería, etc).

Reconversión En el sentido estricto, conjunto de decisiones y acciones de adaptación de una empresa a las necesidades de la coyuntura y a la limitación y condicionamientos externos.

Recursos permanentes. Recursos financieros que constituyen la financiación básica de la empresa. Corresponde a la suma de recursos propios más el exigible a largo plazo.

Recursos propios. Capital social más todos aquellos recursos constituidos por los fondos que permanecen en la empresa y cuya titularidad corresponde a los accionistas.

Rentabilidad. Capacidad de un bien o capital invertido de producir una renta expresada en términos financieros.

Rentabilidad económica. La relación entre la inversión total de la empresa (activo total) y los beneficios antes de intereses a impuestos (ver BAII).

Rentabilidad financiera. Relación entre los beneficios antes del efecto fiscal (ver BAI) y la inversión de los accionistas (recursos propios).

Riesgo económico. El riesgo asumido por la empresa en la parte relativa a la inversión en explotación (activos).

Riesgo financiero. El asumido en lo relativo a los compromisos de la deuda y la capacidad de poder hacer frente a su devolución y coste. Este riesgo es el más valorado por el inversor.

Sinergia. Incremento de la acción de diversas sustancias o parámetros, cuando actúan conjuntamente. Por ejemplo, se dice que se produce sinergia cuando los resultados de la colaboración de dos empresas, son superiores a la suma natural de cada uno de ellos individualmente.

Solvencia. Capacidad de alguien en poder atender sus compromisos con el conjunto de recursos que constituyen su patrimonio.

Superbeneficio. (Ver superrendimiento).

Superrendimiento. Capacidad que tiene una empresa para conseguir una tasa de rentabilidad superior a la considerada como normal o media en el mercado de valores, teniendo en cuenta escenarios de riesgo similares.

Suspensión de pagos. Cuando una empresa que, poseyendo bienes suficientes paras cubrir la totalidad de sus deudas, prevé la imposibilidad de hacerlo a sus respectivos vencimientos, podrá constituirse en suspensión de pagos, que consiste en el procedimiento judicial encaminado a la obtención de un convenio entre el insolvente y sus acreedores.

Tasa de actualización. Relación entre el capital prestado y la suma total reembolsada. La tasa de interés fija el precio en términos porcentuales del servicio prestado, para una duración determinada.

Tasa de interés (Ver tasa de actualización).

Task-force (del inglés). Aplicado a la valoración de empresa, se refiere a la composición del equipo de negociación que integran las partes interesadas.

Tesorería. Referida a una empresa, comprende todos los valores que pueden transformarse en disponibilidades.

TIR (Abreviatura de Tasa interna de Rentabilidad). Corresponde a aquella tasa de actualización que hace que el Valor Actual Neto (VAN) de un proyecto de inversión sea igual a cero.

Título. Documento que representa la posesión de un bien o derecho.

Título a la orden. Cuando el título es susceptible de ser endosado a la orden de sucesivos tomadores, hasta el tomador final que es el legítimo tenedor. La letra de cambio y el pagaré son títulos a la orden por excelencia.

Título al portador. Posibilidad de algunos títulos de ser extendidos sin designar el nombre de su legítimo tenedor, quien de ese modo se constituye en poseedor físico del efecto.

Título crédito. Documento cuyo origen es un contrato pero que contiene una promesa –por parte de los firmantes– de realizar alguna prestación en favor de quien resulte el legítimo tenedor del documento.

Trueque. Sistema de pago que consiste en intercambiar un objeto o un bien contra otro de estimado valor similar.

Trust. Modalidad de concentración de empresas que conduce a una situación de monopolio. Cada empresa conserva su personalidad pero una sola dirección lleva el grupo.

Van (Abreviatura de valor actual neto). Corresponde al valor actualizado del proyecto de inversión, con respecto al mejor de los usos alternativos del dinero, considerando el momento de emprender el proyecto o inversión.

Valor actualizado. Valor presente de una cantidad de la que se dispondrá en un futuro.

Valor bursátil. Es el que corresponde a aquella empresa que cotiza en Bolsa. Se calcula multiplicando el número de acciones por el valor de cotización.

Valor contable corregido. Es el valor actualizado de los elementos que constituyen el balance contable de la empresa, realizado a partir del seguimiento de determinados criterios de valoración a fin de ajustar dichos valores contables.

Valor contable neto. Corresponde al valor de adquisición que figura en los libros, deducidas las amortizaciones.

Valor de adquisición. Referido a los precios de compra pagados en el pasado, denominados también históricos.

Valor nominal de la acción. El que se fijó como salida en su emisión.

Valor contable de la acción. Viene dado por la diferencia entre el activo total y el pasivo exigible, dividido por el número de acciones emitidas.

Valor intrínseco de la acción. Equivale al valor contable, pero cuando los valores de activos inmovilizados han sido previamente actualizados y revalorizados.

Valor de liquidación. Valor de un bien que se ha situado en un marco de transacción. Se suele referir a la valoración de aquellos valores o bienes prescindibles para la explotación

Valor en libros (ver valor contable neto). En terminología inglesa se le conoce como *book-value*.

Valor de rendimiento. Correspondería a aquella cantidad de dinero que se precisaría en una inversión, para que, invertida a una tasa determinada, arrojara una renta equivalente a la capacidad de beneficios de la empresa a valorar.

Valor temático (Ver valor contable).

Valor sustancial. Contempla el activo de la empresa, como un conjunto de inversiones necesarias para la explotación. Este valor sería el correspondiente al de reposición o inversión necesaria para obtener la actividad interesada.

Vencimiento. Cumplimiento del plazo establecido para la amortización de una obligación.

(Estos términos están extraídos del Diccionario de Economía y Empresa, Autores: Paulet y Santandreu. Ediciones Gestión 2000 Barcelona.)

Bibliografía

AECA: *Valoración de acciones*, AECA, Madrid, 1983.

AECA: *Métodos de valoración de empresas*, AECA, Madrid, 1983.

AECA: *Principios de valoración de empresas*, AECA, Madrid, 1981.

AMAT, O.: *La Bolsa: funcionamiento y técnicas para invertir*. Ed. Deusto, Bilbao, 1987.

ANGENIEUX, G.: *Las fusiones y la valoración de empresas*, ICE, Madrid, 1976.

BARNAY, A.; ALBA, G.: *Cómo mejorar un empresa*, Ed. Casanovas, Barcelona, 1977.

BECKER, F.: *Los principios generales de valoración*, Rev. Técnica Contable, años 1985, núm. 437.

BREALEY, R.; MYERS, S.: *Fundamentos de financiación empresarial*, McGraw-Hill Interamericana de España, 1988.

BRILMAN, M.: *Manuel d'Evaluation des Entreprise*. Les Editions d'Organisations, 1988

DEMAY, G.: *Comment juger une entreprise*, Dunod, 1973.

DHELLEMME, G.: *Methodologie et guide practique du diagnositic de l'entreprise*, Jusan.

EADA: *Apuntes de valoración de Empresas*, Biblioteca.

FERNÁNDEZ, J. M.ª: *Los accionistas en las gestiones de empresa*, I. Comercial Española, año 1976, octubre.

FONDEVILA, E.: *El diagnóstico financiero en la empresa*, Ed. Ariel, Barcelona, 1974.

GABAS, F. *Bases de referencia y criterios de valoración*, Rev. Técnica Contable, núm. 408, año 1982.

GILBERT Jr., F.: *La financiación de la compra de empresas mediante la garantía de su activo*, Rev. Harvard-Deusto Business Review, 1.er trimestre 1980.

GUARNIZO, J.V.: *La valoración de empresas*, Rev. ESIC-MARKET, año 1977, mayo.

GUSTARELLI, E.: *La valoración del capital económico de la empresa*, Rev. Técnica Contable, año 1975, núm. 317.

HELLINCKX, B.: *Dynamiser les invertissements en actions*, De Winne-Uyttendaele, 1986.

HERMOSILLA, Á.; SOLÀ, J.: *Cooperación entre empresas*, IMPI, Colección Estudios, Madrid, 1989.

JAENSCH G.: *Valoración de la empresa*, Ed. Ariel, 1974.

HAGSTROM, R. G. Jr.: *Warren Buffett*. Gestión 2000 Barcelona (para la versión en lengua castellana).

MARION, A.: *La place de l'investissement inmateriel dans l'evaluation des entreprises*, Rev. Française de Gestion, año 1988, enero.

MULLINS, D.: *Un modelo para la valoración del capital de la empresa*, Rev. Harvard-Deusto, 1983, 1.er trimestre.

PEUMANS, H.: *Valoración de proyectos de inversión*, Ed. Deusto, Bilbao, 1977.

POURBAIX, C.: *Valoración de empresas*, Ed. Ibérico Europea, Madrid, 1971.

RIEBOLD G.: *Los métodos americanos de valoración de empresas*, ICE, Madrid, 1977.

ROSS, W. *Finanzas Corporativas*. Irwin. Times Mirror de España, S.A.

ROSENFELD, F.: *L'evaluation des actions*, Ed. Bordas, París, 1975.

SABINE, M. *Finanzas Corporativas*. EADA Gestión. Gestión 2000. Barcelona.

SANTANDREU, E.: *Gestión de la financiación empresarial*, EADA Gestión, Gestión 2000, Barcelona, 1989.

SANTANDREU, E.: *Una medida del comportamiento bursátil*, Expansión, 8 enero, 1998.

SANTANDREU, E.: *El coste del dinero para las empresas*, Expansión, 12 diciembre, 1998.

SANTANDREU, E.: *El chequeo de la Empresa*. Gestión 2000, Barcelona.

SANTANDREU, E.: *Autofinanciación y dividendos*, Expansión, 20 septiembre, 1997.

SANTANDREU, E.: *¿Qué se persigue con los stocks splits?*, Expansión, 19 agosto, 1997.

SANTANDREU, E.: *El acceso a cotizar en Bolsa*, Expansión, 6 abril, 1997.

SANTANDREU, P.: *Matemática financiera*, Gestión 2000. Barcelona.

TANG, R.Y.W.; WALTÈR, C.K.: *Determination des prix de transfert: les practiques americaines et japonaises*. La Revue du financer, año 1979, agosto.

TORPEY W.; VISCIONE, J.: *Dinero de entresuelo para las pequeñas empresas,* Harvard-Deusto, 1988, 1.ᵉʳ trimestre.

UEC (Unión Europea de Expertos Contables): *Evaluación de empresas y partes de empresa,* Ed. Deusto, Bilbao, 1966.

VAN HORNE, J. C.: *Administración Financiera.* Prentice-Hall Hispanoamericana, S.A.

VIEL, J.: *Evaluación de empresas y partes de empresas,* Dunod, 1960.

VILLA, J. M.ª: *Precios de transferencias y empresas multinacionales,* FNMT, 1986.

ZURITA, J.: *La oferta pública de adquisición,* Papeles de Economía Española, 1988.

A: *Jordi Font - Oscar Elvira*　　　　　　**F:** 16x22　　**P:** 120　　**ISBN:** 8480882492

Las técnicas de análisis de balances permiten diagnosticar la situación de la empresa. De esta forma, se pueden tomar las decisiones necesarias para optimizar los resultados.

Con este manual, y el programa informático que lo acompaña, se pueden realizar de forma rápida todos los cálculos y gráficos precisos para analizar las cuentas anuales de una empresa.

A: *Jordi Font - Oscar Elvira*　　　　　　**F:** 16,5x22　　**P:** 92　　**ISBN:** 8480881631

La elaboración de proyecciones financieras y estudios de viabilidad es cada vez más frecuente en nuestro entorno empresarial.

Esta obra, que incluye un programa informático, está diseñada para dotar a emprendedores y directivos de uno de los intrumentos y conceptos más relevantes para agilizar su gestión, como son la confección de presupuestos a corto plazo y polanes de viabilidad a medio y largo plazo.

El manejo de esta aplicación informática es muy sencillo, por lo que no se precisan conocimientos previos de informática. Está especialmente dirigida a directivos y profesionales de contabilidad y finanzas.

A: *Oriol Amat*   **F:** 16x22   **P:** 178   **ISBN:** 8480881801

En este libro se estudian las técnicas más relevantes para la realización de un análisis económico-financiero. También se incluyen los pasos para analizar los estados financieros de una empresa a partir de los datos del sector económico correspondiente. Finalmente, se presentan técnicas integrativas de aplicación en el análisis económico-financiero. Con todo ello, se pretende aportar instrumentos que faciliten la obtención de un diagnóstico correcto de la situación económico-financiera de la empresa.

A: *Pol Santandreu*   **F:** 16x22   **P:** 190   **ISBN:** 8480881240

El conocimiento y dominio de las matemáticas financieras son indispensables para el cálculo de las operaciones financieras, tanto para el análisis del coste de los productos utilizados para la financiación, como la rentabilidad de los productos de inversión.

Es una obra escrita para profesionales relacionados con las finanzas, entidades financieras y de crédito, y también para estudiantes de materias relacionadas con el mundo de las finanzas en general y de las matemáticas financieras en particular.

El libro pretende, a través de una visión práctica, y con una rigurosa metodología, poner en manos del lector los principios, fórmulas y aplicaciones que faciliten la toma de decisiones sobre las alternativas óptimas en el campo de la inversión y financiación.

Se desarrollan numerosos ejercicios prácticos solucionados, que ayudan a comprender las bases teóricas de la matemática. Cada capítulo, contiene una parte donde se expone, mediante demostraciones, la teoría de la aplicación de los distintos métodos de cálculo, intercalando ejemplos prácticos, y otra parte en la que se proponen una serie de supuestos prácticos solucionados, con la intención de que el lector los resuelva y compare con dicha solución.

A: *Roger Bootle*   **F:** 16x22   **P:** 280   **ISBN:** 8480882239

¿Qué ventajas e inconvenientes supone vivir en un mundo de inflación cero? ¿Cómo afectará esta nueva era al mercado inmobiliario, a las inversiones, a los consumidores y a las empresas? En este Best-Seller mundial, Roger Bootle pronostica con sólidos argumentos las consecuencias de esta nueva era de Inflación Cero, para que podamos prepararnos y adaptarnos.

A: *Robert G. Hagstrom, Jr.*   **F:** 16x23   **P:** 306   **ISBN:** 8480882476

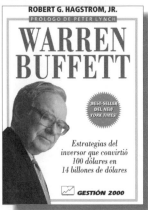

Estrategias del inversor que convirtió 100 dólares en 14 billones de dólares.
Esta obra explica los secretos de las estrategias de inversión de Warren Buffett con las que se ha convertido en el financiero más rico del mundo. De Warren Buffett se ha dicho que «es el hombre más inteligente de Wall Street», así como que es «el mejor inversor de todos los tiempos» según Peter Lynch. Cuando termine de leerlo, usted estará de acuerdo en que «Sin duda, es el mejor libro sobre la inversión en bolsa que se ha escrito hasta hoy».

CONTABILIDAD CREATIVA

A: *Oriol Amat - John Blake*   F: 16x22,5   P: 168   ISBN: 848088147X

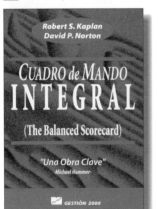

Este es un tema de gran actualidad en todo el mundo. La contabilidad creativa consiste en preparar las cuentas de las empresas teniendo en cuenta los vacíos que pueda tener la normativa existente, además de la posibilidad de elección entre diferentes criterios de valoración autorizados.

En este sentido, es importante destacar que la contabilidad creativa actúa dentro del marco de la legalidad vigente.

Este libro, que expone y analiza las principales técnicas de contabilidad creativa, es una obra útil para comprender las dimensiones y las limitaciones de la información contable. Por todo ello, se considera imprescindible para toda persona de empresa: desde los accionistas hasta los analistas bancarios, pasando por todos los empleados sin distinción del cargo que ocupen.

CUADRO DE MANDO INTEGRAL (The Balanced Sorecard)

A: *Robert Kaplan - David Norton*   F: 16x23   P: 330   ISBN: 8480881755

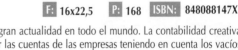

Este libro muestra la forma en que los directivos pueden utilizar esta herramienta revolucionaria para movilizar a su gente a fin de que cumplan la misión de la empresa. El Cuadro de Mando Integral, más que un sistema de medición, es un sistema de gestión que puede canalizar las energías, habilidades y conocimientos específicos del personal de toda la organización hacia la consecución de objetivos estratégicos a largo plazo.

Kaplan y Norton demuestran la forma en que la alta dirección está utilizando el Cuadro de Mando Integral, tanto para guiar la gestión actual, como para marcar los objetivos de la actuación futura. Nos muestran la forma de utilizar indicadores en cuatro categorías –actuación financiera, conocimiento del cliente, procesos internos y aprendizaje y crecimiento– para alinear las iniciativas individuales, de la organización e interdepartamentales, e identificar unos procesos completamente nuevos para satisfacer los objetivos de los clientes y los accionistas.

A: *Jaume Tomás*　　　**F:** 16x22　　**P:** 126　　ISBN: 8480881127

En el sector financiero, cada día es más difícil, y por ello más importante, estar preparado para convencer al cliente de que nuestra empresa ofrece el mejor producto o servicio del mercado.

De una forma clara, sencilla y concisa, este libro transmite las técnicas de venta en el sector de los servicios financieros. En este sentido, se proponen metodologías específicas, para que no se deje la acción a la mera improvisación.

A lo largo de sus páginas se tratan, con una visión práctica, las técnicas esenciales que conviene conocer y se acompañan ejemplos, con el fin de completar la exposición.

A: *Pol Santandreu*　　　**F:** 16,5x23　　**P:** 120　　ISBN: 8480882514

Uno de los problemas que más preocupan a las empresas lo constituye la posibilidad de acceder a las fuentes de financiación que precisan.

Este libro pone en manos del lector nuevos productos financieros que han aparecido en el mercado y amplian la posibilidad de financiación de las empresas.

EL CHEQUEO DE LA EMPRESA

A: *Eliseo Santandreu* **F:** 16x22   **P:** 128   **ISBN:** 848088259X

Hay muchas situaciones en las que es imprescindible tener un diagnóstico del estado y perspectivas en que se encuentra una empresa. Este es precisamente el tema que desarrolla este libro. Para ello, aborda un sistema de elaboración de un chequeo a la empresa, teniendo en cuenta los aspectos tanto económicos y financieros como comerciales, de factor humano y de organización, entre otros. Puede ser de gran utilidad para directores generales, directivos de áreas funcionales, así como a analistas de empresas.

ÍNDICE: Introducción. Necesidad del análisis integral de la empresa. Análisis de los aspectos cualitativos. Análisis económico-financiero. Tratamiento de la información. Bibliografía.

DICCIONARIO DE ECONOMÍA Y EMPRESA

A: *Jean-Pierre Paulet - Eliseo Santandreu* **F:** 16x24   **P:** 170   **ISBN:** 8480880414

¿Cash Flow? ¿Apalancamiento? ¿Curva de Laffer? ¿Plan Braddy? ¿Desarrollo auto centrado? La economía y la gestión empresarial ocupan, en la actualidad, un lugar preponderante y que nos concierne a todos. Por ello, el objetivo de este diccionario es definir el vocabulario preciso que le corresponde. Este diccionario está compuesto por : más de 1800 definiciones redactadas de forma clara y sintética; esquemas y gráficos explicativos; así como un índice de siglas con su significado. Es un instrumento de trabajo para los estudiantes, así como un manual de referencia al que podrán remitirse todos los apasionados por los grandes movimientos del mundo económico y empresarial.

A: *José Daniel Barquero - Ferrán Huertas*   **F:** 20x24   **P:** 490   **ISBN:** 8480881763

Esta es una obra inédita por los treinta y dos temas abordados sobre la disciplina de la banca, Finanzas y Seguros; y la exhaustividad con la que son tratados.

Es el resultado de la colaboración entre las principales instituciones financieras. Cada capítulo ha sido escrito por una de las más prestigiosas entidades financieras e instituciones del campo financiero que han tratado con rigor su tema, desarrollado de forma que se tenga una visión muy amplia, objetiva y actual.

A: *Oriol Amat*   **F:** 16x23   **P:** 278   **ISBN:** 8480882697

La creciente complejidad del mundo en el que se mueven las empresas hace que cualquier directivo, independientemente de su área de actuación, tenga necesidasd de conocer las bases de la contabilidad y las finanzas.

Precisamente, el principal objetivo de este texto es contribuir a la formación continuada en materia contable y financiera de los directivos de empresa que están especializados en áreas diferentes de la contabilidad y las finanzas. Por tanto, es un material pedagógico dirigido a directivos de áreas como la dirección general, el marketing, los recursos humanos, la tecnología, etc.

A: *Oriol Amat - Pilar Soldevila*

 Formato 16x23 Páginas 308 ISBN: 8480882123

El cálculo y la gestión de costes son materias de interés creciente por la necesidad que tienen las empresas de mejorar su competitividad.

Este libro expone los conceptos y técnicas de contabilidad de costes con una metodología que destaca por la claridad expositiva. Los temas desarrollados incluyen además de los enfoques tradicionales (costes parciales, costes completos, costes estándar...), las nuevas tendencias (ABC, costes de calidad, gestión estratégica de costes, técnicas de reducción de costes...).

Con el fin de clarificar los temas, se incluyen una gran cantidad de ejemplos y ejercicios.

A: *Luis Ferruz*

Formato 17x23 Páginas 238 ISBN: 8480880465

Con una orientación eminentemente práctica, se presentan los fundamentos y el enfoque operativo de los diversos aspectos de la gestión financiera de la empresa. No se incurre en excesos teóricos, con un claro objetivo de aplicabilidad. A lo largo del libro se realizan numerosas referencias y sus repercusiones al marco fiscal y mercantil actual. También se acompañan casos prácticos resueltos.

ÍNDICE: 1ª parte: Metodología de valoración de operaciones de financiación e inversión: La empresa como unidad económica y financiera; Introducción a la economía financiera de la empresa; Elementos de valoración financiera; La medición del coste y rendimientos efectivos; 2ª parte: Financiación y costes de financiación: Recursos propios; Autofinanciación y política financiera de dividendos; Financiación a corto plazo; Gestión financiera y mejora de la financiación a corto plazo; Financiación ajena a medio y largo plazo; Endeudamiento, rentabilidad y riesgo financiero; El coste de capital; Recursos financieros en contexto internacional; 3ª parte: Evaluación de proyectos de inversión: La inversión empresarial y fases preliminares de análisis; Evaluación de proyectos de inversión; decisiones de inversión, entorno y medición de riesgo. Incidencia de la inflación; Decisiones de inversión e Impuesto de sociedades.